CDで聴く!
音楽療法のセッション・レシピ集

即興演奏ってどうやるの

野村 誠 ＋ 片岡祐介

あおぞら音楽社

即興演奏の核心を、あえてシンプルに
――――序にかえて

野村 誠

セッションでは、音楽も人々も輝いていた

「もしもし野村さん、片岡です」
マリンバ奏者の片岡祐介さんから突然電話がかかってきたのは、7年前（1997年）の春だった。
「あ、久しぶり」
「実はぼく、岐阜県音楽療法研究所っていうところで働き始めたんですよ」
演奏家の片岡さんが、専門外の音楽療法の分野で働き始めたとは、驚いた。でも、それはいいことに思えた。音楽療法の人が片岡さんに出会えば、いろんな意味で触発されるだろうし、片岡さんも音楽療法に触発されて変わっていくかもしれない。「音楽療法」と、片岡さんの音楽が結びつき、新しい分野が生まれる予感がした。

　……その後、片岡さんは連日のように障害者施設や精神病院などに出向き、膨大な数の即興セッションを行ったらしい。ぼくは、日々どんな活動をしていたのか何度も質問をしたが、彼は、
　　「ただ、そこにいる人と音楽しているだけです」
と答えるだけだった。そこでは、どこにもない音楽が繰り広げられているに違いない。
　興味を持ったぼくは、彼のセッションの現場を見学した。そこには、他のどこにもないユニークな音楽があった。音楽も人々も生きていて、輝きがあった。**その場限り、二度と体験できない時間があった。**

　驚くことに、彼のセッションには、ぼくの作曲と多くの共通点があった。お互いの音楽観について、片岡さんと話し込んでみた。また、**即興演奏について、徹底的に話し、分析し、整理してみた**。即興演奏の本質がユニークな形で浮き彫りになっていった。それを原稿にまとめて完成したのが、この本だ。

デタラメ（即興演奏）とは「方法」だ

　こうしてできあがった本は、ぼくと片岡さんの「即興演奏の秘密」についての本になった。言い換えれば、ぼくらの「デタラメ」の秘密と言ってもいいかもしれない。ぼくらは、デタラメにやっているようで、直感的に咄嗟に何かの判断をして即興演奏をしている。それを、可能な限り言葉で説明しようとしてみた。
　原稿を書いて思ったことは、
　　「デタラメ」（＝即興演奏）は魔法ではなく方法だ
ということだ。「デタラメ」にやって音楽になるのは、魔法（天才の名人芸）ではない。（誰もが

できる）「方法」だと思う。**この方法をぼくらだけで一人占めするつもりはない。誰もが自由に使えばいい。**

　だから、この本では徹底的に「デタラメの方法」を書いてみた。どうすれば「デタラメ」にできるのか、「デタラメ」の背景には、どんな考えがあるのか。どんな経験に裏付けられているのか。その方法について、できるだけ単純明解に具体的に書いてみたつもりだ。
　　「そんなに単純には割り切れない」
　　「同じ状況は二度とない」
そういう反論が思いつく。そんなことは分かっているけど、それでも、あまりにも即興演奏について単純明快に書かれたものがないので、今回はあえて、とことんシンプルに書いてみた。そこから、即興演奏の核心に迫れると思うし、**単純明快な切り口を、読者が複雑なものに深めてくれればいい**と思ったからだ。

1　自分なりのルールを作る

　即興演奏の方法について単純明快に書くのが難しい理由は、即興演奏があまりにも自由だからだろう。
　例えば、即興演奏には、間違いがない。筋書きのないドラマでは、起こったことすべてが現実だ。だから可能性は無限にある。即興だから、筋書きもないし、ルールもない。音楽が自由に気ままに、風に乗って流れて進んでいく。演奏している人の気分によって信じられないほど盛り上がったり、全く盛り上がらなかったりするし、興奮しているなら、テンションが爆発していくし、そういった気分に左右されるところが、即興の醍醐味だと思う。

(注) この本で呼ぶ「即興演奏」は、ジャンルを限定した狭い意味での「ジャズの即興」とか、「インド音楽の即興」とかではなく、ジャンルに関係ない即興だ。「ジャズの即興」は、ジャズのルールを知っている人だけが参加できる即興だし、「インド音楽の即興」もインド音楽のルールに卓越した人のみが演奏できる即興、いわば「様式化された即興」だけど、この本では、どんな人でも（音楽の素人、障害者や子ども、お年寄りなども）参加できる即興演奏を考えている。

　そういう無限の可能性があると単純明快には語れないし、「ルールがないのが一番難しい」、「自由にやるのが一番苦手だ」という意見の人も多い。ルールがないと自由にできないのならば、自分に都合のいいルールを作ればいい。
　　「とにかく、困ったら相手の真似をしてみよう」
というルールでもいいし、
　　「何かパターンを作って繰り返してみよう」
というルールでもいいし、
　　「ドとファとシの3音だけを使って演奏してみよう」
というルールでもいい。こうしたルールの作り方も無限にある。
　第1章の「なんちゃって音楽」では、
　　「ここまで単純化していいの？」
と思える限界まで、単純明快なルールを設定してみた。たくさんのルールの例を紹介したので、参考にしてください。

また、第3章の「セッションのためのヒント集」でも、「真似をする」、「意表をつく」など、**できるだけ単純明快なヒントで、セッションの関わり方を言語化してみた**。もちろん、すべてがそんなに単純に割り切れるわけではないのは承知の上だが、こうした**単純明快な切り口が、セッションの複雑な展開の出発の助けになる**と期待して書いた。

2　きっかけ拾い

　即興演奏では、完璧に作曲された曲ではあり得ない「奇想天外なハプニング」が続出する。その場で起こったすべて（失敗と思えることも！）を、曲に取り込めるのが最大の魅力だと思う。

　美しい場面に突発的に起こったオナラをきっかけに、バカバカしい曲調で演奏を始めることもできる。突然鳴ったケータイ電話の着メロを真似してみてもいい。楽器をうっかり落としたことさえ曲の一部に組み入れれてもいい。とにかく何でもあり、だ。

　しかし、こうした「奇想天外なハプニング」を予測することは難しい（ほとんど不可能に近い）し、それに備えるための単純明快な理論を考えることも無理である。実際のところ、全部、その場で機転をきかせて柔軟に対応するしかないのだ。

　何かをきっかけに、ちょっとした機転で曲調がダイナミックに変化することは、即興演奏の醍醐味だと、ぼくは思う。どんなことでも、きっかけになるし、停滞した即興演奏の中にきっかけを見つける瞬間こそ、即興の面白さだと思う。

　しかし、「どうやって機転をきかせたらいいのか？」について、単純明快に説明することは難しい。すべてが応用問題で、一つとして同じケースや状況は存在しないからだ。そんなことは百も承知だが、単純明快に書いてみた。

　「どうやって機転をきかせるか」、きっかけ拾いの実例を、載せられる限りたくさん、文章で紹介することにした。**全く同じ状況は二度とあり得ないが、類似した状況は数限りなくある**。こうした時の経験談は、参考になるはずだ。

　それぞれのセッションの場面には、いろいろな要素が複雑に混ざりあっているが、紹介するエピソードでは、それぞれのエピソードを一つの切り口から明確に説明してみた。また、セッションの最中の心理状況を主観的に書いてみた。

　第3章「即興演奏のためのヒント集」での実例、第4章「エピソード集」のエピソードから、片岡さんと野村の「きっかけ拾い」の方法を感じとっていただきたいです。そして、それをあくまで参考に自分独自のきっかけ拾いの方法を切り開いていっていただけたら、と思います。

3　どこからどのように読んでもいい

　この本は『イキイキ音楽療法士のしごと場 vol.1〜4』（あおぞら音楽社）に連載した「即興演奏ってどうやるの？」をベースにしているが、かなりの部分を書き下ろした。即興演奏に苦労している音楽療法士や、ワークショップに苦労している音楽家などを読者として想定し、「即興演奏ができる」って、どういうことか、できる限り具体的なヒント集を目指した。音楽療法士の人に、即興演奏に興味のある人に、大きなヒントになる本が書けたと自負している。

　この本は、どの章からでも読めるように構成されている。新聞や辞書や百科事典のように、好きなところから好きなように読める本を目指した。すべての項目は独立して読めるので、全部読んでもいいし、一部分だけ読んでもいい。

全体は【PART 1 音楽のアイデア】、【PART 2 セッションのアイデア】の2つに分かれています。

【PART 1】では、「具体的な音楽技法」について、かなり大胆な切り口で書いた。

第1章の「なんちゃって音楽」は、さまざまな音楽スタイルをもうこれ以上単純にできないほど単純なルールで説明してしまった章。**「なんちゃって○×」とは、「○×」のスタイルを真似することが目的ではなく、「○×」のスタイルを参考に考え出した単純なルール**です。このルールで自由に即興を試してみてください。

第2章の「即興演奏のためのアイディア集」では、「**リズム**」「**身体運動**」「**ハーモニー**」と、**音楽を3要素に分解して説明**してみた。ここでも、単純明快を心がけた。

【PART 2】では、セッションでの「対人のアプローチ」。

第3章の「即興演奏のためのヒント集」では、**個人セッション、集団セッション**の二つの状況に分けて、できるだけ具体例をあげて、ヒントを提案してみた。ぜひ現場で実践してみてください。

第4章「エピソード集」では、具体的なセッションのエピソードを例にあげて、短い詩集のようにまとめた。その場での内面の動きや本質的なことを読者に伝えようと思った場合に、学術的な書き方よりも、**文芸的な詩のようなスタイルの方が効果的**ではないか、と考えたからだ。

また、各所につけた「実用おもしろ楽器事典」では、楽器の思いがけない使い方、日用品の意外な使い方などを図解してみた。お楽しみください。

4　CDで感じてほしい

　この本には、ＣＤがついています。楽譜では表現しきれない、ノリ、ニュアンス、リズム感、音色、雰囲気などを味わっていただけると思います。ＣＤは本と対応していますが、本を見ずにＣＤだけを聴いても理解できるように構成しました。ＣＤは、片岡さんと野村の自信作です。ＣＤのボーナストラックは、結論にあたる内容のつもりです。本を読んで、いろいろな実例を聞いてもらって、最後にボーナストラックを聞いてもらう。そこで感じてもらえることが、ぼくらからのメッセージです。本の方では、あとがきが結論にあたる部分です。この二つの結論に向かって、まずは、「なんちゃって」から楽しく始めましょう。

　　　　　　　＊　　　　　＊

　片岡さんと野村の即興演奏に対する考えや思い、いろいろな願いが、本とＣＤを通して読者に伝わっていくこと、もっと即興演奏を楽しむ人がいっぱい増えていくこと、そうしたことから、日本の（世界の）音楽環境が大きく変わること、を楽しみに本書を書きました。片岡さんからのコメントは、あとがきをお楽しみに。

　では、始めましょう！

CDで聴く！ 音楽療法のセッション・レシピ集
即興演奏ってどうやるの

即興演奏の核心を、あえてシンプルに——序に代えて……………2

PART 1　音楽のアイデア

第1章　なんちゃって音楽……………9

1　初級編　なんちゃって民族音楽
- なんちゃって アフリカ音楽……………10
- なんちゃって アラビア……………11
- なんちゃって インド音楽……………12
- なんちゃって 沖縄……………13
- なんちゃって 中国音楽……………14
- なんちゃって フラメンコ……………15
- なんちゃって 和風……………16

2　中級編　なんちゃって大衆音楽
- なんちゃって アニメソング……………17
- なんちゃって アメリカンバラード……………18
- なんちゃって 癒し系……………19
- なんちゃって 環境音楽……………20
- なんちゃって カントリーロック……………21
- なんちゃって サスペンス……………22
- なんちゃって ジャズ……………23
- なんちゃって ダンスミュージック……………24
- なんちゃって ヒットソング……………25
- なんちゃって ボサノバ……………26
- なんちゃって 80年代ユーロビート……………27
- なんちゃって 四畳半フォーク……………28
- なんちゃって レゲエ……………29

3　上級編　なんちゃって巨匠
- なんちゃって ユーミン……………30
- なんちゃって チック・コリア……………31
- なんちゃって ショパン……………32
- なんちゃって ドビュッシー……………33
- なんちゃって 坂本龍一……………34
- なんちゃって フォーレ……………35
- なんちゃって 久石譲……………36
- なんちゃって ジミ・ヘンドリックス……………37
- なんちゃって モーツァルト……………38
- なんちゃって ラヴェル……………39
- なんちゃって スティーブ・ライヒ……………40
- なんちゃって ウェーベルン……………41
- なんちゃって バルトーク……………42
- なんちゃって フィリップ・グラス……………43
- なんちゃって ルー・ハリソン……………44

第2章　即興演奏のためのアイデア集……………45

1　リズムいろいろ
- （1）ビート……………46
- （2）モールス信号……………52
- （3）オスティナート集……………55

2　身体運動いろいろ
- （1）演劇……………62
- （2）動く楽器……………65
- （3）ガチョーン効果……………66
- （4）ボイスパフォーマンス……………68

3　ハーモニーいろいろ
- （1）となりへ和声学……………69
- （2）平行移動……………71
- （3）和音のストライクゾーン……………74

実用おもしろ楽器事典①……………77

CONTENTS

PART 2　セッションのアイデア

第3章　即興セッションのためのヒント集 ……79

1　個人セッション
- (1) 真似をする…………………………………80
- (2) 意表をつく…………………………………84
- (3) 見立てる……………………………………86
- (4) 誘ってみる…………………………………88
- (5) 絡まり合う合奏……………………………90

2　集団セッション
- (1) クセナキス…………………………………92
- (2) やらないというやり方……………………94
- (3) 強制感の弱い指揮…………………………96
- (4) ドサクサ感…………………………………96
- (5) クセナキス対処法…………………………98

まとめ ……………………………………………107

実用おもしろ楽器事典 ② ………………………108

第4章　セッションのエピソード集 ……109

1. 正直な「ぐわーん」………………………110
2. ある「交信」………………………………111
3. 「空間まるごと」の変化…………………112
4. やるより聴くのが好き……………………113
5. 無駄でなかった無駄話……………………114
6. 不謹慎だが二日酔い………………………115
7. 打楽器同士のハーモニー…………………116
8. 天の配剤「狂ったギター」………………117
9. 雨の計らい…………………………………118
10. 散った「さくら」…………………………119
11. 「ソリスト」の誕生………………………120
12. 「ふわぁ～」に身を委ねる………………121
13. リズムに出合った子どもたち……………122
14. 「対象者に合わせる」とは？……………123
15. トレモロ・クラスター……………………124
16. 忘れたおかげ………………………………125
17. 鐘が鳴る……………………………………126

実用おもしろ楽器事典 ③ ………………………128
CD収録曲目リスト＆解説 ………………………130
あとがき 音楽・自由・未来 …………………133
著者プロフィール …………………………………136

Part 1
音楽のアイデア

第1章

なんちゃって音楽

- ❶ 初級編 なんちゃって民族音楽
- ❷ 中級編 なんちゃって大衆音楽
- ❸ 上級編 なんちゃって巨匠

イラスト：片岡祐介

木琴かマリンバの黒鍵のみを使います。
① 1人が、【譜例1】の4音で気に入ったフレーズを作り、それを繰り返す。
② もう1人が、【譜例2】の4音で気に入ったフレーズを作り、1に重ね、繰り返す。

【譜例1】

【譜例2】
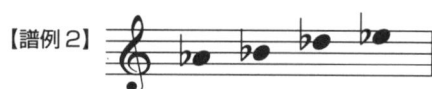

【譜例3】

【譜例4】（2人が違う拍子で弾いても面白いです）

なんちゃってアラビア

① 右手を、「ド、レ♭、ミ、ファ、ソ」【図1、譜例5】に置き、自由に演奏。
② 左手は、「ドっソ、ドっソ」【譜例6】とくり返す。
③ 次に、右手を、「ソ、ラ♭、シ、ド、レ」【図2、譜例7】に置き、自由に演奏。
④ 左手は、「ソっレ、ソっレ」【譜例8】をくり返す。

(注) どちらも、人さし指だけ「♭」になっている。右手のメロディーに、「タリラ～ン」と装飾音符をつければ、アラビア風になる【譜例9】。

【図1】

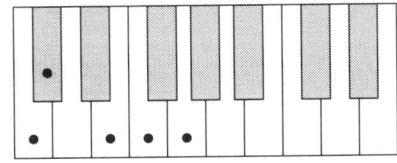

【図2】

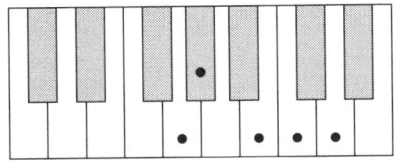

【譜例5】

【譜例6】

【譜例7】

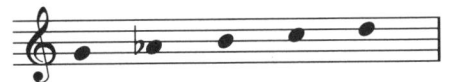

【譜例8】

【譜例9】 アラビア風に

なんちゃって インド音楽

キーボードを使う場合「シタール」か「12 strings Guitar」の音色を選択。
① ペダルを踏む。
② 左手で低いソ・レを弾く【譜例10】。
③ 響きをよく聴きながら、右手で高いファから低いファまで、グリッサンドする【譜例11】

【譜例10】

【譜例11】
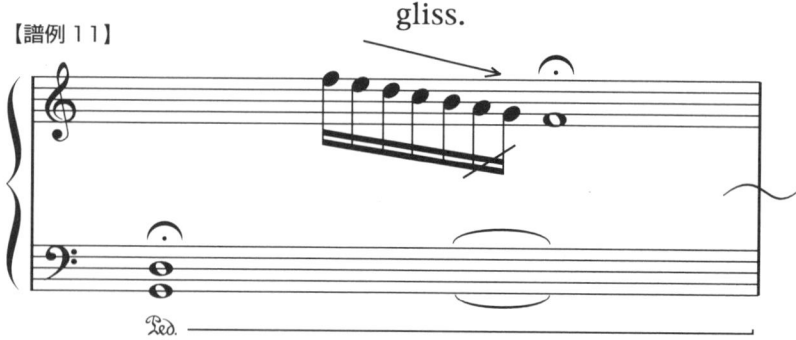

① 白鍵で「レ」と「ラ」を避ける。つまり「ド、ミ、ファ、ソ、シ」の5音を使う。
② 左手で、「ドっソ　ミっファ」を弾んだリズムで繰り返す。【譜例12】

① 右手は「シ♭、レ、ミ♭、ファ、ラ♭」の5音【譜例13】
② 左手は【譜例14】のように、伴奏。例えば、【譜例15】のようになる。

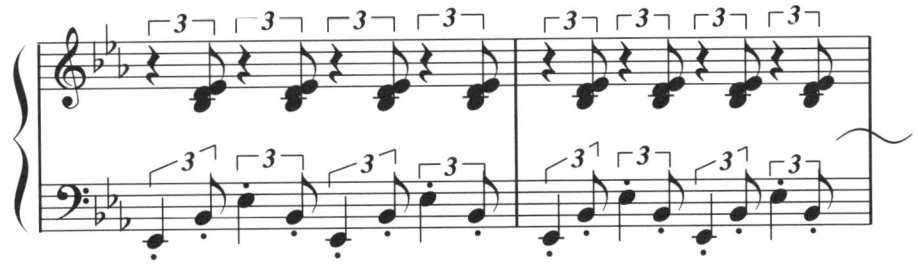

① ピアノのペダルを踏む
② 左手は低音域で、ファ♯とド♯【譜例 16】
③ 右手は黒鍵を次々弾く。たまにグリッサンド（鍵盤上をすべらせる）。
　　例えば【譜例 17】のように。

（注）グリッサンドはお箏の弦をかき鳴らしている気分で。

【譜例 16】

【譜例 17】　　（全部、黒鍵で）

なんちゃってフラメンコ

【譜例18】

（キーボードで弾くときは、「アコースティックギター」の音色がよく合います）

次のような歌を、一息で情熱的に歌いあげる。

【譜例19】

① ピアノのペダルを踏む。
② 左手で「ミファラシ」の和音【譜例20】。
③ 右手は白鍵盤で「ド」と「ソ」の2音だけを避ける。
　　つまり、「レ、ミ、ファ、ラ、シ」の5音を自由に使って即興。

(「ド」と「ソ」の鍵盤を避ける目印として、付箋を貼っておくと分かりやすい)

【譜例20】

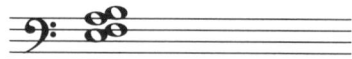

中級編　なんちゃって大衆音楽

なんちゃってアニメソング

CD 8

【譜例21】Am

【譜例22】Dm

【譜例23】E

上の3つのコードを次のような進行で弾きながら、適当に歌う

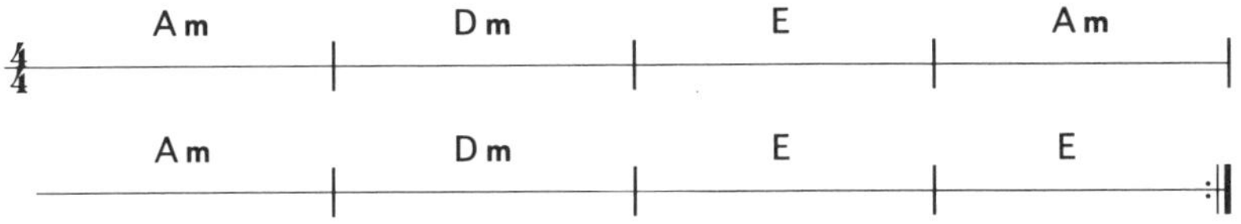

| Am | Dm | E | Am |
| Am | Dm | E | E |

【譜例24】

声：そっきょうえんそう　なあんて　へっちゃらさー
　　デタラメ　ひいても　おこられない　ー

なんちゃって音楽　第❶章

即興演奏ってどうやるの

中級編　なんちゃって大衆音楽

なんちゃってアメリカンバラード

CD 9

これを弾きながら、デタラメ英語を歌えば、気分はアメリカン、
日本語でダラダラ歌えば、奥田民生ふうにもなります

【譜例25】

① ピアノのペダルを踏む
② 左手で低い方から順に「ド→ソ→レ」と弾き【譜例26】、
③ 右手で、すぐ隣のミから順に「ミ→シ→ファ♯」と弾く
【図3、譜例26】（注：「→」は5度上に）

【譜例27】のように左手で弾きながら、右手でアドリブをして【譜例28】、鳥の鳴き声や川のせせらぎの音をつけ加えれば、「なんちゃって癒し系」の出来あがり。

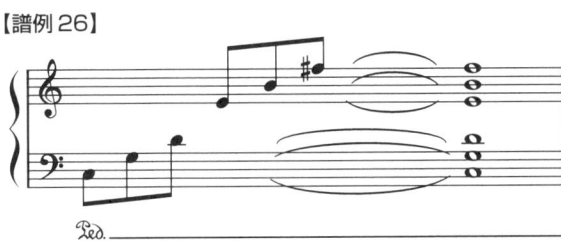

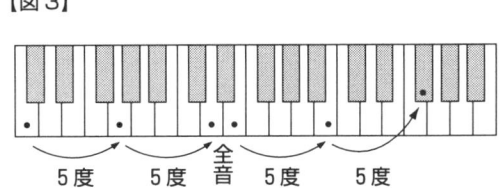

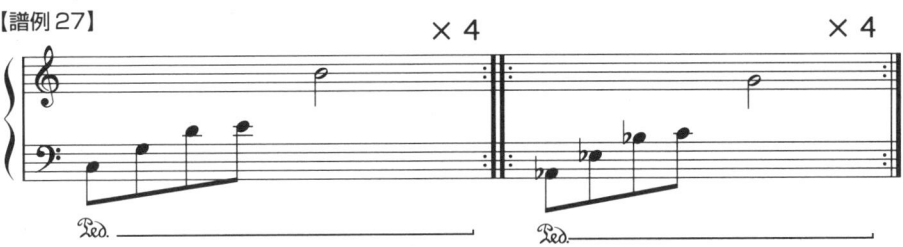

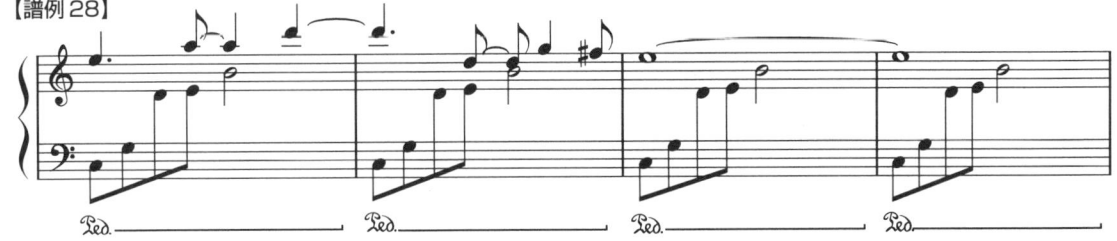

なんちゃって環境音楽
CD⑪

① ペダルを踏む
② いちばん低い「レ」を強く弾く。
③ ト音記号より上の高さの白鍵を、でたらめに弾く。
　となりではなく、いろいろな高さの音を弾いて、
　響きを楽しむ。

(注) ピアノの白鍵ばかりを演奏する人と、即興で連弾をする時に、
「なんちゃって環境音楽」をやることが多い。

なんちゃって カントリーロック

CD 12

50年代オールディーズの香りです。

【譜例29】

なんちゃってサスペンス

① ピアノのペダルを踏む。
② 左手で低い方から順に「ド→ソ→レ」と弾き
③ 右手で、すぐ隣のミ♭から順に「ミ♭→シ♭→ファ」と弾く【図4、譜例30】
　（注：「→」は5度上に）
　例えば【譜例31】のように、2種類の「なんちゃってサスペンス」を分散和音にして、これに右手でアドリブのメロディーをつけて即興する。例えば【譜例32】のように。これでサスペンスドラマの効果音楽ふうになる。

【譜例30】

【図4】

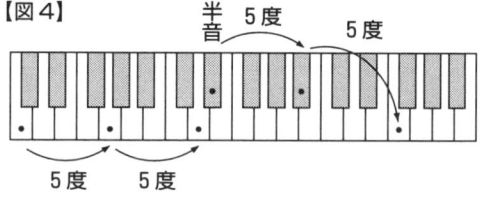

【譜例31】

【譜例32】

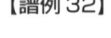

なんちゃってジャズ

① 左手で【譜例33】を弾く。
② 右手は白鍵で指をくるくるまわしながら、デタラメに弾く。

【譜例33】

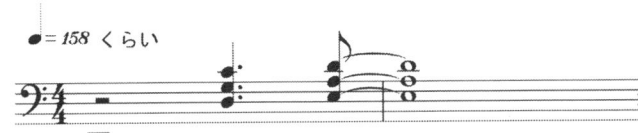

【譜例34】

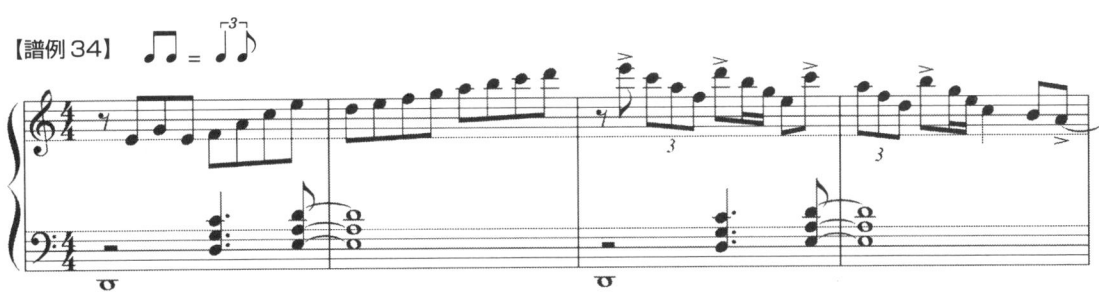

中級編　なんちゃって大衆音楽

なんちゃってダンスミュージック

CD 15

【譜例35】のように演奏すれば、90年代風の「ハウスミュージック」の香りがする。
これに、エレクトーンなどのリズムボックスのリズム（♩＝100くらい）を鳴らしてみる。ますますムードが高まり、踊りだしたくなるかも。

【譜例35】

なんちゃってヒットソング

【譜例36】のように、「ソ→ファ♯→ミ→レ→ド→シ→ラ→レ→」を ベースに、【譜例37】のように伴奏しながら、これに乗せてラブソングふう歌詞などをうまく歌えれば、「なんちゃってヒットソング」の出来上がり。
これを応用すれば、「たなばた」などを【譜例38】のように伴奏したりもできる。

【譜例36】

【譜例37】

【譜例38】

中級編　なんちゃって大衆音楽

なんちゃって **ボサノバ** CD 17

キーボードの「ナイロンギター」または「アコースティックギター」の音色で弾くと、よく合います。
高速で弾くと、サンバふうになります

【譜例39】♩= 80

【譜例40】♩= 85

なんちゃって 80年代ユーロビート
CD 18

デジタル・シンセサイザーの派手で鋭い音色が、よく合います。

【譜例41】

中級編 なんちゃって大衆音楽

なんちゃって
四畳半フォーク
CD 19

この3つのコードをアルペジオでぽろりぽろりと弾きながら、切々と歌います。
キーボードを使う場合、ギターの音色がよく合います。

【譜例42】

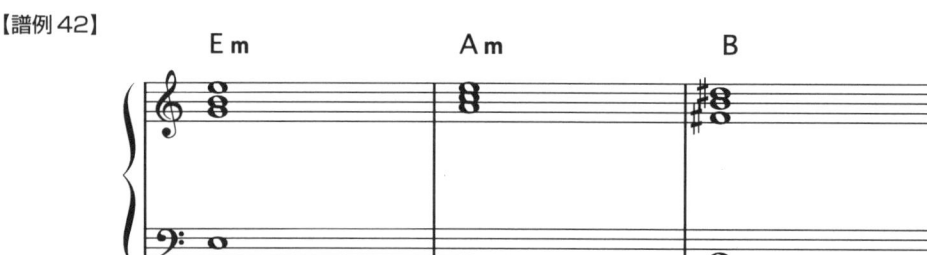

【譜例43】

なんちゃってレゲエ

こんな感じのヴォーカルがよく合います

【譜例44】

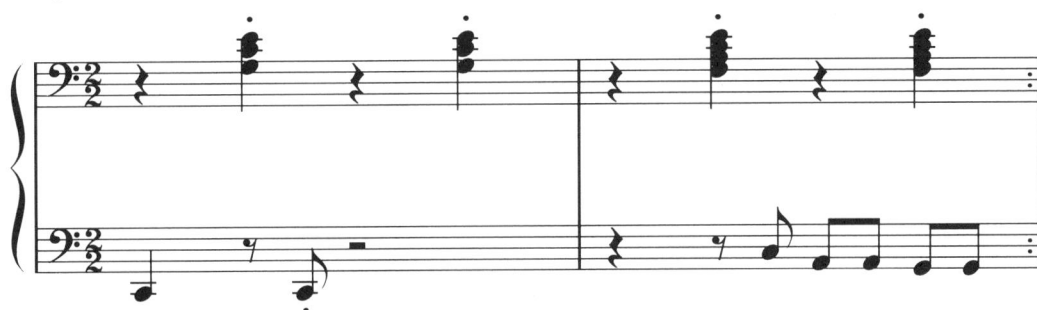

【譜例45】

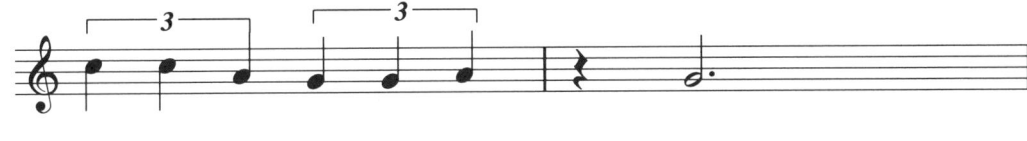

O　Yo　Yo　Yo　Yo　Yo　　　Yo____

下のフレーズを弾きながら、適当に歌う

【譜例46】 ♩= 74くらい

【譜例47】

① 左手で次のように弾く 【譜例48】
② 右手で黒鍵と白鍵を均等に選びながら、単音で即興をする

【譜例48】

【譜例49】

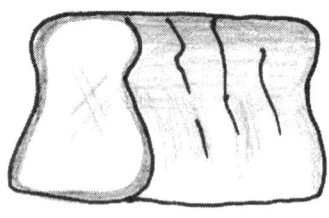

【譜例50】

① 左手で次のフレーズを繰り返して弾く

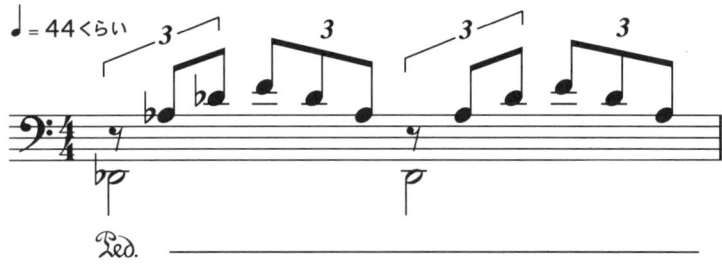

【譜例51】

② 右手で、次の音を使って自由に弾く

【譜例52】

③ 適宜ルバートしながら弾く

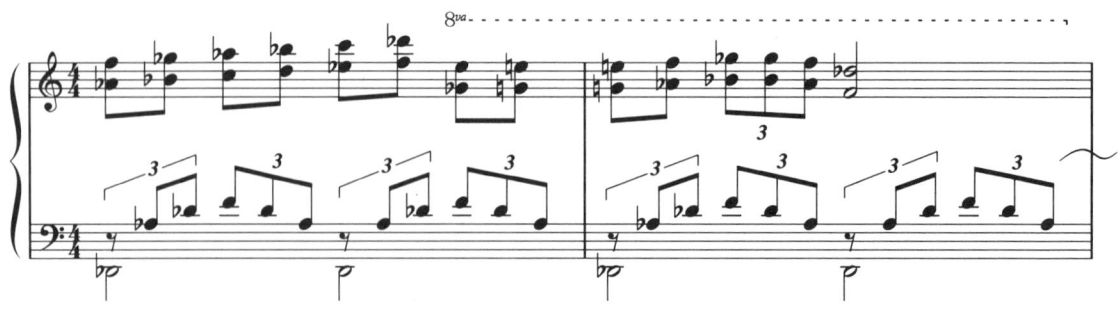

なんちゃってドビュッシー

左手の、同じ音の低音（ドローン）の上に、
いろいろな調の和音が乗っかっているのが特徴です。

【譜例53】

連弾です。

【譜例54】

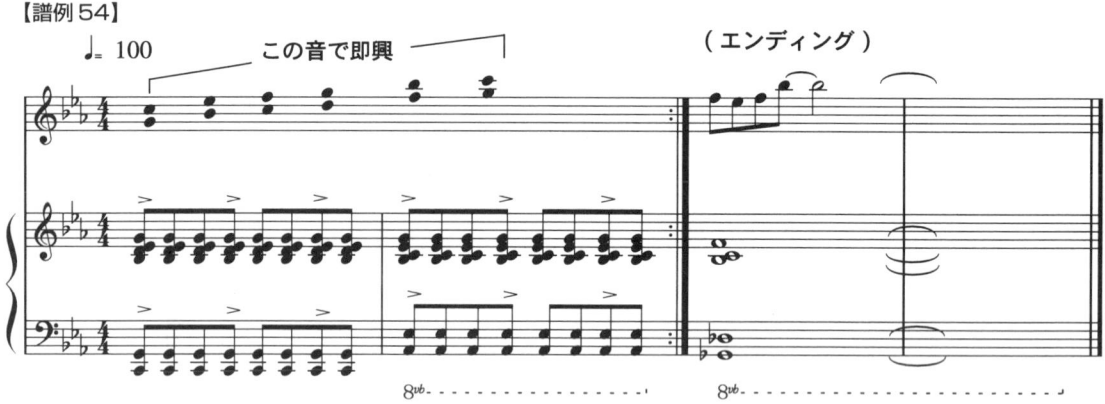

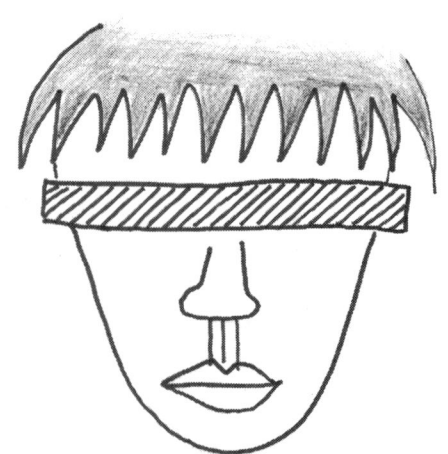

なんちゃって フォーレ

CD 26

① ゆったりしたテンポで、左手で次のように弾きます。
② 右手で、下の音を使って、上品に歌うように即興をします。

【譜例55】

【譜例56】

上級編　なんちゃって巨匠

なんちゃって久石譲

CD 27

【譜例57】

なんちゃって ジミ・ヘンドリックス

CD 28

【譜例58】

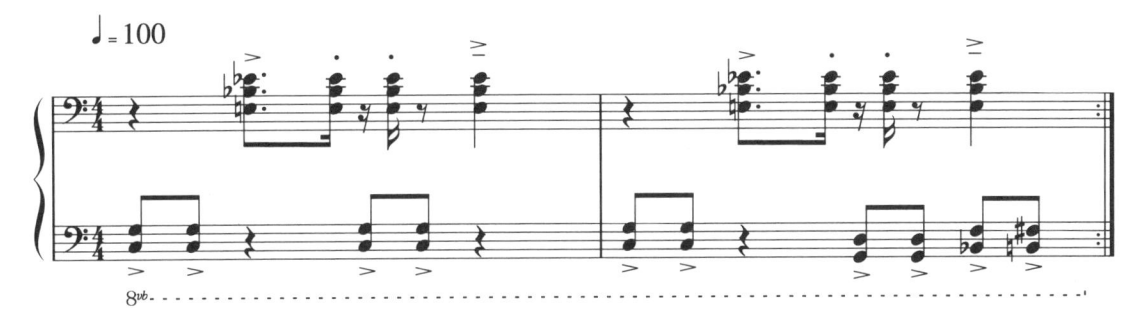

♩=100

上級編 なんちゃって巨匠

なんちゃって
モーツァルト

CD 29

【譜例59】

なんちゃって ラヴェル

CD 30

① ペダルを踏む
② 左手でE・Hの音を、四分音符でオクターヴ移動しながら弾く【譜例60】
③ 左手に近い場所に移動しながら、右手はG♯・C♯・D♯を細かく弾く【譜例61】

【譜例60】
♩=120 くらい

【譜例61】
（右手）
（左手）
Ped.

なんちゃって スティーブ・ライヒ

CD 31

上級編 なんちゃって巨匠

① 左手の指を、B♭とE♭の位置に置く

【譜例62】

② 右手の指を、F・A・C・Fの位置に置く

【譜例63】

③ 1音ずつ、左右を交互に弾き、気に入ったフレーズができたら、それを繰り返す。

【譜例64】

なんちゃって ウェーベルン

CD 32

① 右手で、黒鍵の音を1音弾く
② 左手で、白鍵の音を1音弾く
③ 左手で、黒鍵の音を1音弾く
④ 右手で、白鍵の音を1音弾く

以上、1～4を、ポツリポツリと孤独気に繰り返す。音量、リズムは不規則にして、意味シンに

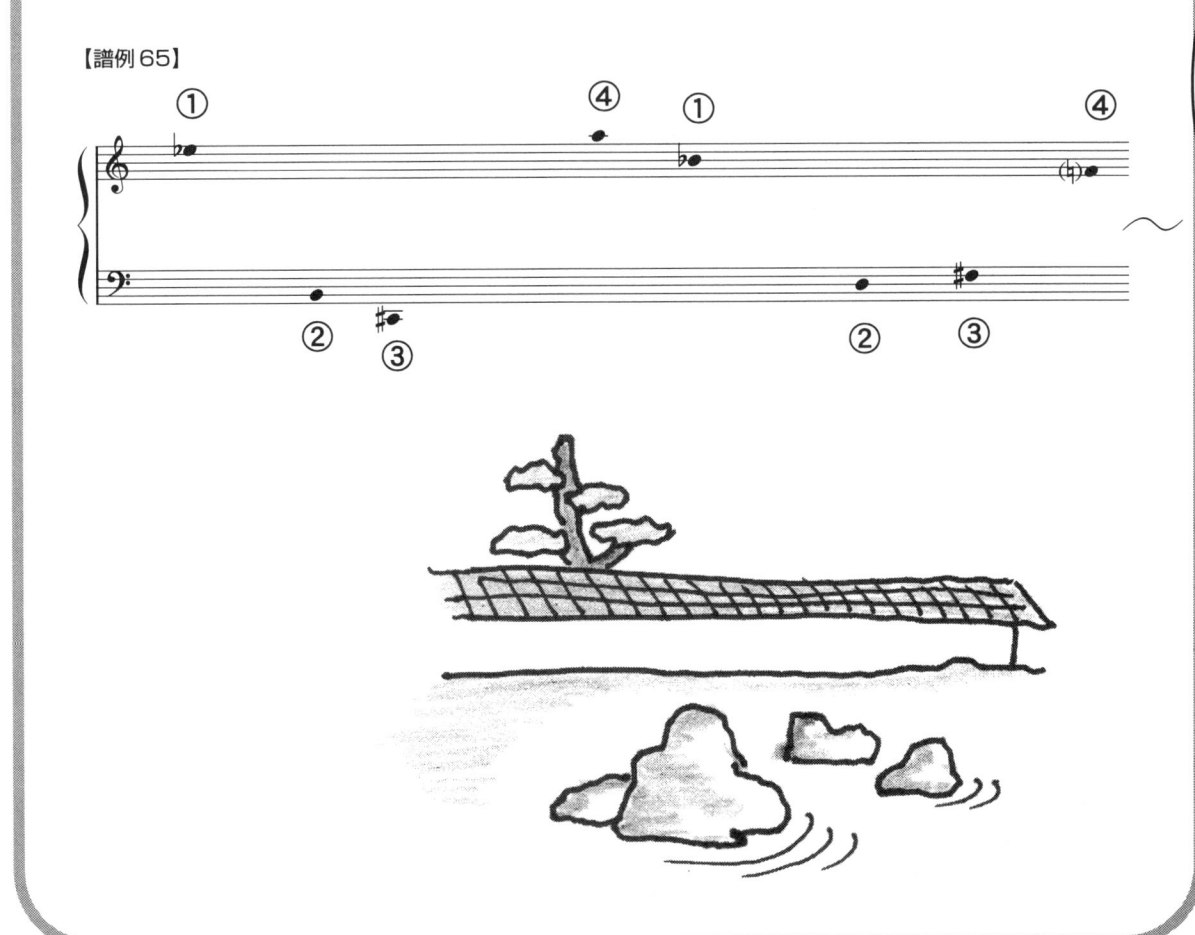

【譜例65】

なんちゃって バルトーク

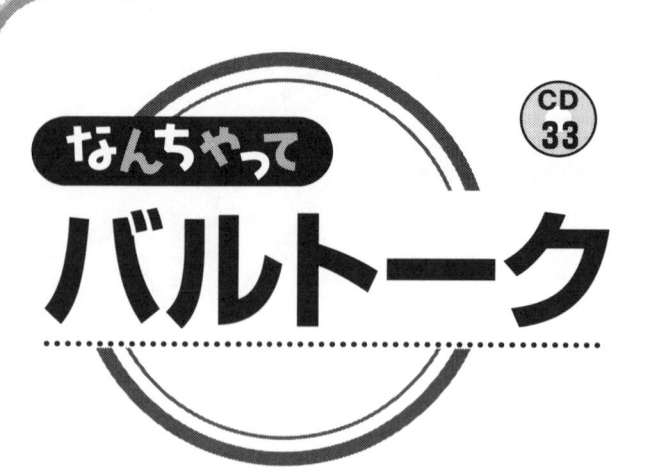

CD 33

① 左手で黒鍵を、
② 右手でドレミソラを適当に弾く。
そうすると、他に何の音が鳴っていても合っているように聞こえる。

なんちゃって フィリップ・グラス

CD 34

執拗なアルペジオが特徴です。超高速で弾いてもよし、ゆったりと弾いてもよし。

【譜例66】

なんちゃって音楽 第❶章

なんちゃって ルー・ハリソン

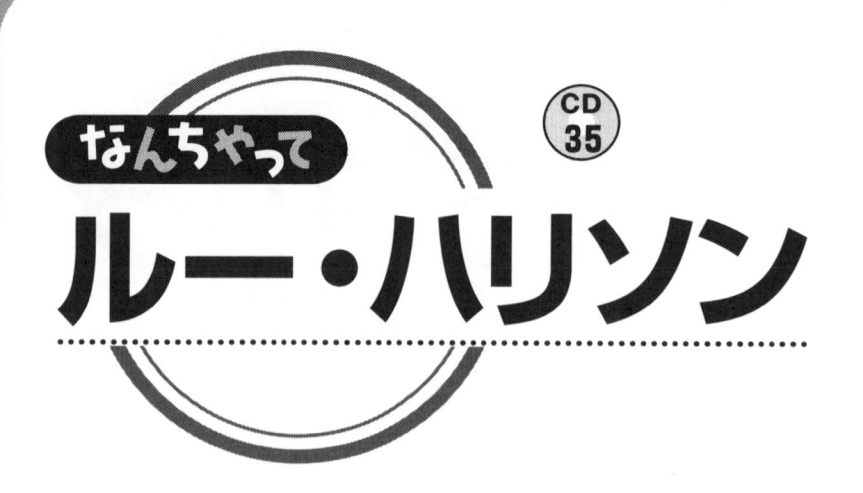

CD 35

① ペダルを踏む
② 左手は黒鍵、
③ 右手は「ファ」か「ド」を
④ 右左を交互に、同じ音域でリズミカルに演奏する。

第2章

即興演奏のための
アイディア集

① リズムいろいろ
② 身体運動いろいろ
③ ハーモニーいろいろ

RHYTHM

① リズムいろいろ

アイディア1 ビート（A・B・C・D）

　ビートの心地よい反復が、ノリのいいリズムを生み出す。縄跳びのように延々と続けていくうちに、力が抜けて自然に体が動き出す。

（注）各譜例には参考に、ノリが自然に出やすいテンポを明記しましたが、自分の気に入ったテンポを見つけて下さい。

A 左→右→左→右→

右手、左手と交互に弾くリズムの例。

●例1：ピアノを打楽器のように、左手と右手を交互に「ドン、チャッ、ドン、チャッ」と弾く。例えば【譜例1】のようになる。譜例1は、単純なリズムだが、ちょっと呑気で明るい雰囲気になることが多いので、お薦めのフレーズだ。
即興セッションで困った時に、取りあえずピアノでこれを弾くと、他の人の演奏に自然にマッチして場の雰囲気がよくなることが多い。

【譜例1】　「困った時に便利」

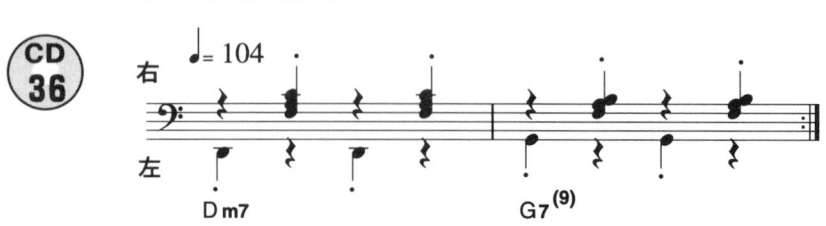

CD 36　♩= 104　Dm7　G7(9)

●例2：今度もピアノ。速いテンポでの、「左→右→」を続ける。ペダルを踏み、左手は「黒鍵」ばかり、右手は「ド」だけで、交互弾きすると【譜例2】のようになる。

楽譜だと複雑そうだが、弾いてみれば単純。ペダルを踏みっぱなしで、「できるだけ速く」弾くと、響きが楽しい。

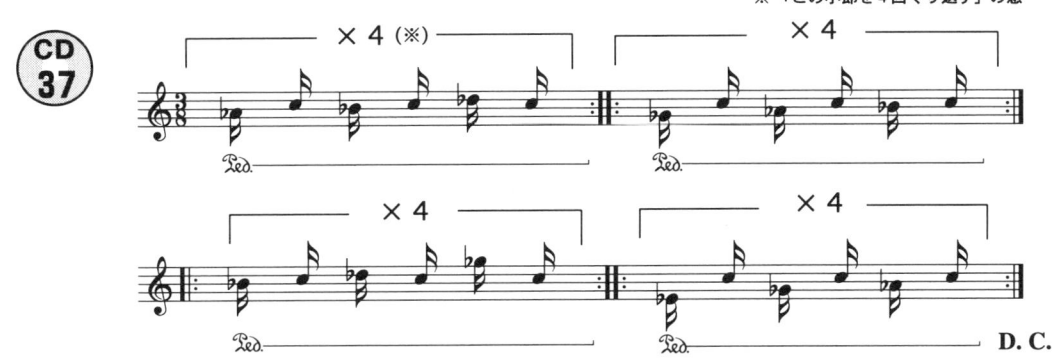

【譜例2】　「左手黒鍵、右手はド」

B ピアノでドラム！

●例3：「ドンドン、チャーッチャ、ドンドン、チャー」という【譜例3】のリズムを、ピアノでやるには、例えば【譜例4】のようにするといい。

このリズムに少し変化をつけると、「ドンドン、チャーッチャ、ドチャドッ、チャー」【譜例5】や「ドンドン、チャードチャ、ドチャドッ、チャードチャ」【譜例6】のようになる。

また、同じようなリズムでも、【譜例7】のような和音にすれば、ハードロックの香りが楽しめる。

【譜例3】

【譜例4】　♩=108　リズムに乗って

【譜例5】　ノリよく

【譜例6】

ドン ドン チャー ド チャ ド チャ ドッ チャー ド チャ

【譜例7】

♩=102

ドン ドン ジャー ジャ ドン ドン ジャー ジャ

ドン ドン ジャー ジャ ドン ドン ジャー ジャ

●例4：「右左、右左、右左、右右左」と【譜例8】のように「ティッコッ、タッコッ、ティッコ、タッタッコ」と演奏すれば、ピアノでラテン風のビートが出せる。

【譜例8】

♩=124

ティ　コ　タ　コ　ティ　コ タッ　タッ　コ

右手で和音、左手で「レ」を

C パーカッションの簡単リズム　CD39

●例5：ジャンベで、「ドスス、パスス、パス」【図、譜例9】と叩くのは、集団セッションの時に、片岡がよく使うリズム。
「ジャンベ」は、皮のまん中を叩くと低い音がして、外側を叩くと高い音がする。

「ド」：皮のまん中を叩いて、大きく低い音を出す
「ス」：皮の端をさわって、小さな音を。
「パ」：皮の端を叩いて、大きく高い音を。

【譜例9】

ドスス パスス パス

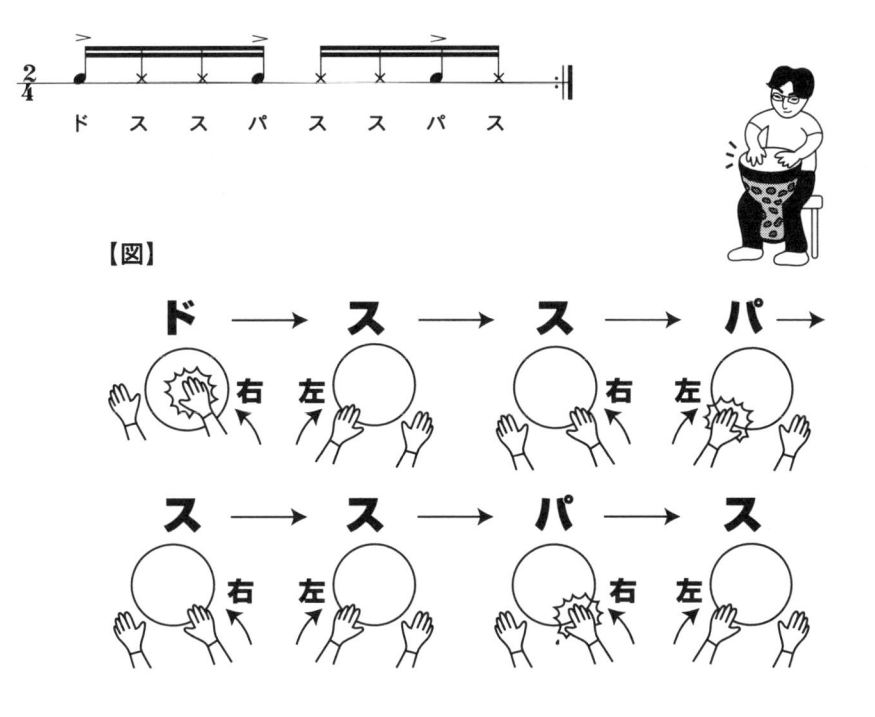

【図】

ド → ス → ス → パ →
右 左　　右 左

ス → ス → パ → ス
右 左　　右 左

●例6：サンバのリズムは、「一生かかって、自転車買った」【譜例10】。
（シンコペーションも、日本語のアクセントとリズムに置き換えて覚えられます。）
ラテン音楽の感じを出したい時に、これをやっていれば、何となく雰囲気は出る。サンバのCDを聞きながら、机を叩いたり、リズム打ちをやってみてください。

【譜例10】

いっ しょう かかって じてんしゃかった

●例7：ジャンベ、コンガ、大きなステンレス鍋などで、「ドスス、パスス、ドス、パス、ドド」【譜例11】のリズムが有効な場面も多い。
「8分の6拍子」と「4分の3拍子」が交互になっていて、心地よいビートが刻める。

【譜例11】

ドスス パスス ドス パス ドド

D　ピアノのお薦めビート集　CD 40

ピアノで弾けるお薦めビート。左手でベース、右手でギターの役割など、左と右で別の役割をするタイプの例です。

●例8：【譜例12】は、左手でベース、右手でリズムギターをやっている感じ。
くり返しながら、途中で【譜例13】のように半音高く転調したりすると、さらに気分が盛り上がる。

【譜例12】

【譜例13】

●例9：今度は3連符で、【譜例14】のような「ズンズ、ジャッズ、ズン、ジャー」というリズムをやってみる。脳天気な踊り出したくなるビート。
シャープが多いのは、全て黒鍵にして弾きやすくしたため。

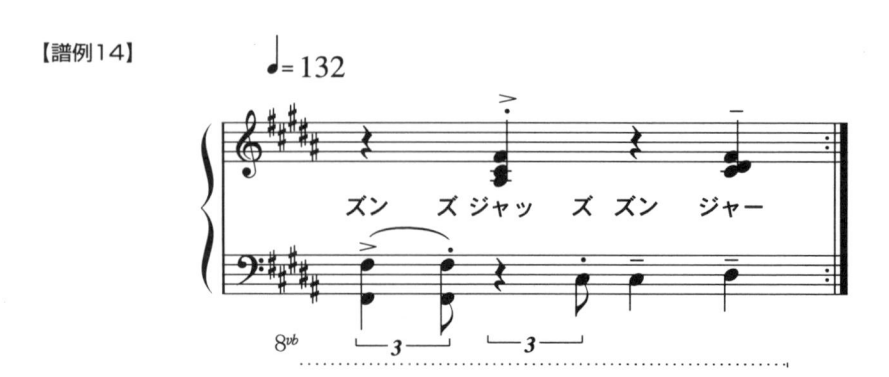

【譜例14】

●例10：【譜例15】を伴奏にして、即興で歌を歌ってもらうと楽しい。

【譜例15】

※「前の２小節をくり返す」の意

●例11：【譜例16】のように「ブン、チャチャチャ」「チャッチャッ」「トットッ」の３種類のリズムを組み合わせると「７拍子のビート」ができる。これを左手で弾きながら、右手でアドリブしたりすると、何かが始まる予感のする不思議な雰囲気が作れる。
７拍子で不規則なビートだが、何度も何度もくり返していると、輪を描くようなリズムになって、不思議と心地いい。

【譜例16】

ブン　チャチャチャ　チャ　チャ　ト　ト

●例12：次は、ファンクふうのビート

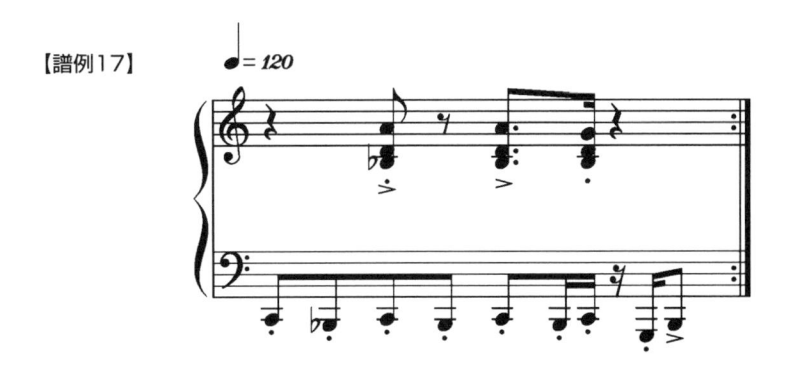

【譜例17】

●例13：次は、ジャズふうレアグルーヴのビート

【譜例18】 ♩=120

●例14：左手で【譜例19】をくり返しながら、右手でアドリブをする。

【譜例19】 「このリズムでデタラメ即興すると」

CD 41 ♩=190

ズー　チャ　ズー　チャ　ズー

アイディア2　モールス信号

　以前、野村は大正生まれの方から、「モールス信号」を教わった。戦争中、通信に使われていたもので、リズムの覚え方が工夫されている。

「い」は、「伊藤」
　　「いとう」（・―）
「ろ」は、「路上歩行」
　　「ろじょうほこう」（・―・―）
「は」は、「ハーモニカ」
　　「はーもにか」（―・・・）
「に」は、「入費増加」
　　「にゅうひぞうか」（―・―・）
「ほ」は、「報告」
　　「ほうこく」（―・・）

「へ」は、「屁」
　　「へ」（・）
「と」は、「特等席」
　　「とくとうせき」（・・ー・・）

●例1：「特等席」のリズム【譜例20】で、ピアノのフレーズを作り【譜例21】、それをくり返す。
これに、左手のベースパターンを付け加え【譜例22】、くり返し続け、自分にとって一番気持ちいいテンポとノリを見つけていく。
演奏のちょっとしたノリから生まれる空気が、セッションの相手に伝染することが多いので、雰囲気のあるノリを作ることは大切だ。【譜例23】のように、これにヴァリエーションをつけることもできる。

●例2：「英語ＡＢＣ」のリズムで、「英語」の時にG（ソシレの和音）、「ＡＢＣ」の時にF（ファラドの和音）で、くり返し演奏する【譜例24】。

簡単なベースラインをつけて【譜例25】、くり返してみる。

【譜例25】

【譜例26】「さあ行こう行こう」
CD 44

さぁ いこぅ いこぅ

【譜例27】「見せよう見よう」
CD 45

みせよぅ みよぅ

【譜例28】「あー言うとこう言う」
CD 46

あー いう とこー いう あー いう とこー いう

アイディア3 オスティナート集

●即興遊びに

ピアノを弾いて遊んでみてください。この譜例をもとに自分なりに変化させて遊んでも楽しいですよ。
【譜例29】は、さわやかに。

【譜例29】 「さわやかオスティナート」 CD47

【譜例30】は、土俗的な香りがする。

【譜例30】 「土俗的オスティナート」 野村誠作曲「How Many Spinatch Amen！」より CD48

【譜例31】は、延々続けていても響きが楽しい（4つ目のパターンは、少し濁った和音です）。

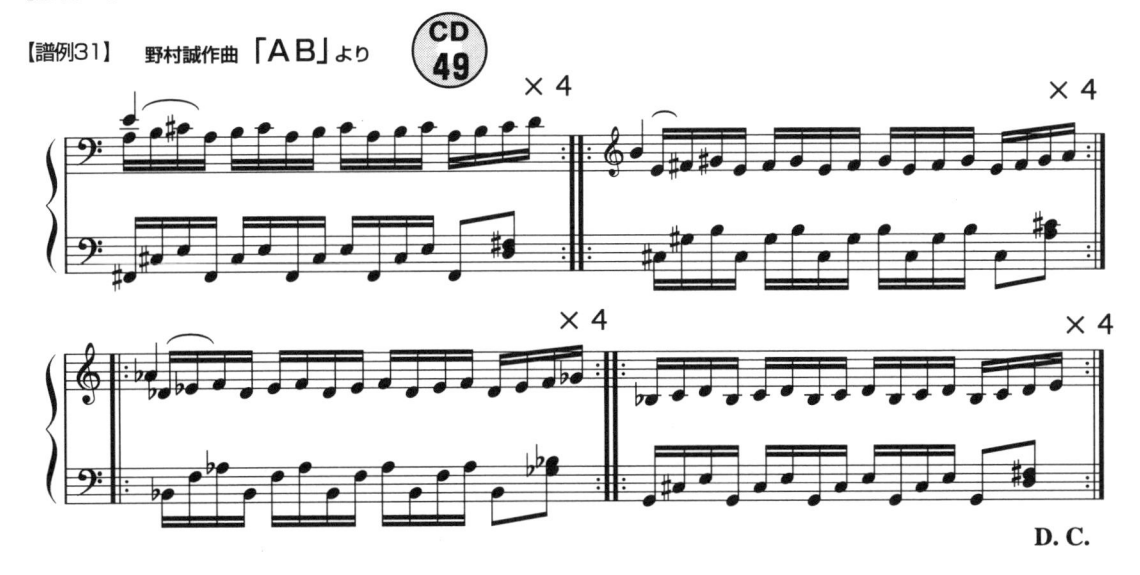

【譜例31】 野村誠作曲「AB」より CD49

D. C.

【譜例32】　オスティナート「2コード」　CD 50

　F/G、Cmaj7 という2つのコードをリズミカルに変奏する例。右手は、親指でリズムをとりながら、残りの指で和音を押さえます。

【譜例33】　オスティナート「テンポを変えて」　CD 51

右手で裏打ちのリズムをしながら、時々ストップモーションをする例

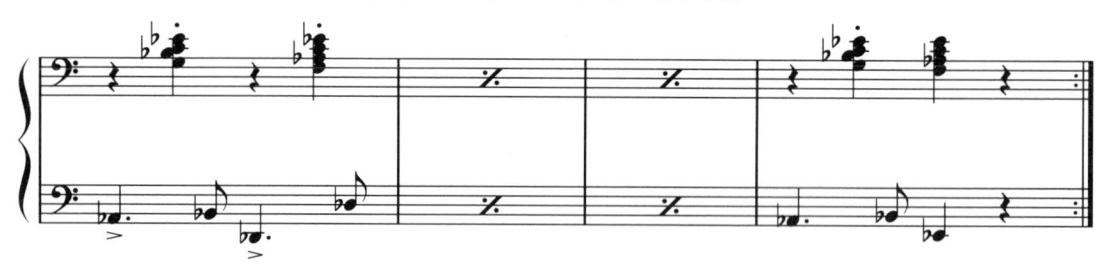

【譜例34】　オスティナート「ワークショップより」　CD 52

大和高田（奈良県）でのワークショップで、小学生が太鼓や空き缶を叩いていたリズムに、こんなふうにピアノで合わせながら、リズムを揺らしたら、盛り上がりました。

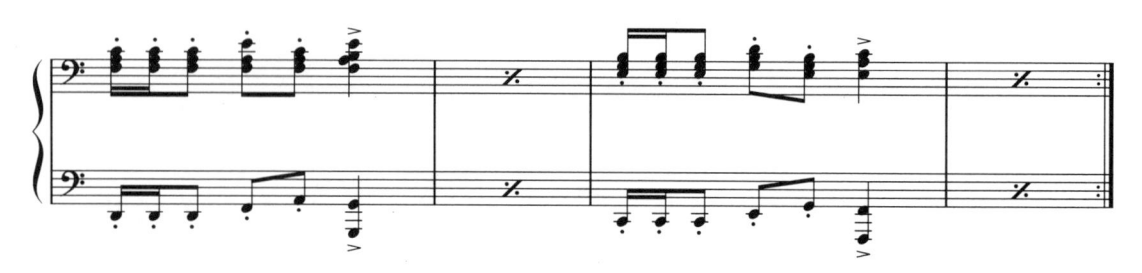

【譜例35】　オスティナート「3和音の平行移動」

これは、1オクターブ上の音域にして、鍵盤ハーモニカで演奏しても気持ちいいです。

【譜例36】　オスティナート「テヌートとスタッカート」

テヌートとスタッカートの違いや、強弱の違いを意識的につけてあそぶと面白いです。

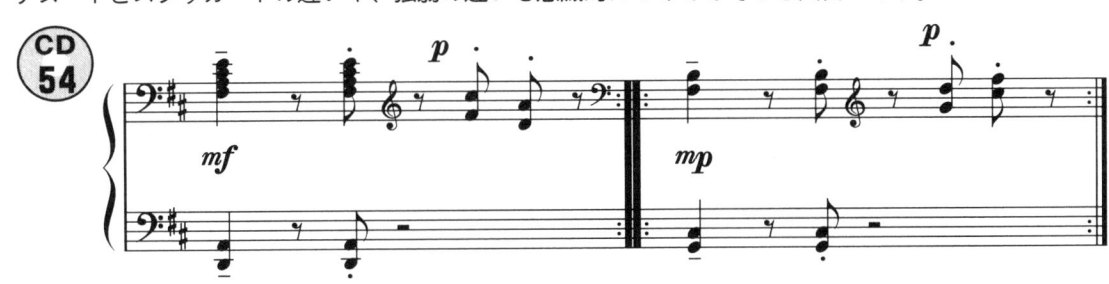

●ダンスミュージックふうに

ピアノで弾けるダンスミュージック的なオスティナートを9個。比較的、明るく楽しいタイプのもの、軽快なリズムのものを紹介します。踊りたくなるようなテンポ、他の楽器でセッションに加わりたくなるようなノリは、演奏しながら探ってもらえればと思い、テンポの表記はしませんでした。自分なりのテンポ感で、楽しんでください。

【譜例37】　「お年寄りの気に入ったオスティナート」

「さくら苑」のお年寄りが、「これ、いいよ」と気に入った民謡調のオスティナート。

【譜例38】　「アホまつり」

盆踊りふうのバカバカしいフレーズ。「クセナキス状態」が盛り上がった時に弾いたら、たくさんの人がこのリズムについてきました。

【譜例39】　「ダンスミュージックその1」

いろんな小物楽器での集団即興の時、これをピアノで5～10分演奏し強引に盛り上げた後に、さりげなくピアノの演奏をやめた時、素敵なサウンドが生まれていることが多い

【譜例40】　「ダンスミュージックその2」
　　　　　　上のヴァリエーションの例です。

「ダンスミュージックその3」

「ニューヨーク発、ブラックミュージック」のイメージ

【譜例41】

「ラテンノリ その1」

【譜例42】
CD 58

「ラテンノリ その2」

サルサふうのノリです。

【譜例43】

【譜例44】 「出た！」 CD 59

突然、これを弾けば、アホっぽい雰囲気

【譜例45】 「ギャング」

ギャング・スパイ風味。終わりは、この和音で決めよう！

【譜例46】は、連弾で遊んでください。高音部は、即興にしても楽しいです。

【譜例46】　ピアノ連弾

BODY PERFORMANCE
② 身体運動 いろいろ

アイディア 1　演劇

　演奏中に、演劇的な表現が出てくることがある（それは、時に「意表をつく」ことにもなる）。
　音楽と演劇的な仕草は分けて考えにくい。音楽しながら、体を動かしているうちに、演劇的になったり、体を動かしているうちに、音楽になっていったりする。

●例 1：ジャングルでの昼寝

障害者施設での集団セッション。伸びをして、「ア ─ 」とあくびをするＡさん。こちらも、真似をして「ア ─ 」とあくびの声をしながら、伸びる動作をすると、Ｂさんも真似して声を出した。
この日は、施設での散歩活動の後らしく、みんなが眠そうなので、カーテンを閉めて、部屋を暗くしてみた。
誰からとなく寝転がり始める。緊張感のある静けさ、外から鳥やカエルの声が聞こえてくる。時々Ｃさんが「キャキャキャ」と（動物の声のような）高い声を出したりして、ジャングルの奥地にいるような雰囲気だ。
楽器の音も、断続的に「ゴン」とか、「キン、ヒラヒラヒラ」という感じに鳴ったりして、少しずつ雰囲気が変わって、日本庭園にいる感じになってきた。
カーテンを半開したら、音楽が少しずつ目を覚まし始め、次第ににぎやかな音へと移行していった。

●例２：物売り

Ｄさんの鳴らすハンドベルの音が、たまたま物売りのスズに聞こえたのか、Ｅさんが「柿〜、栗〜、スイカ〜」と歌い出した。
そこで、楽器の演奏を止めて、それに合わせて、「ヘイ、らっしゃい！」、「おじさん、タマネギちょうだい！」などと、セリフを言ってみると、笑いが起きる。「タマネギ5000円、安いよ、安いよ！」とリズミカルに唱えると、「う〜そ〜だ〜！」と叫び声が出たので、ウソに対する怒りをピアノのクラスター（たくさんの鍵盤を一度に演奏）で表現したら、みんな大爆笑。

●例３：やじろべえ

Ｆさんと一緒に、右に置いてある太鼓、左に置いてある太鼓と交互に演奏しているうちに、右足、左足に交互に体重をのせる動きが気持ちよく、いつの間にか、「やじろべえ」運動をする遊びに変わっていった。
楽器を演奏せずに、両手にバチを持ったまま「やじろべえ」の動きをしながら、部屋を移動する。しばらく、楽器の音がしない。
片岡はトーキングドラムを抱えて、「やじろべえ」運動を続けると、Ｆさんは、トーキングドラムを追いかけ始め、部屋の中を走り回る。でも、片岡は気にせず、ゆったり「やじろべえ」をしながら回転し、わざとＤさんに背を向ける。こんなやりとりがゲームのように続いた。

●例４：楽器は小道具

京都女子大学の授業で、楽器を小道具と考えて短い劇を作ってもらうことにした。例で示したのは、「タンバリンをラケット、木琴を卓球台、マレットの球の部分をボールに見なした卓球パフォーマンス」。
　さて、グループごとに考えてもらうことにしたら、あっという間に寸劇がいっぱいできた。例えば、カスタネットをみんなが一つずつ持って、「爪を切りましょう」とカスタネットを指のところでカチカチやると、その音がとてもいいし、可笑しい（図１）。

【図１】

「鯉に餌をやりましょう」と言って、マラカスをシャラシャラと振る、その下でたくさんのカスタネットが上向きにパクパクとやる（図2）、これも絶妙だった。

【図2】

相撲の寸劇。手にスズを持ってシャンと鳴らす。その仕草は塩をまく様子だ。そしてお腹にタンバリンをあてて、相撲取りのお腹を演出。「はっけよいのこった」の合図で、お互いのタンバリンを叩きあうのが、相撲の突っ張りあいになり（図3）、演奏にもなって面白かった。

【図3】

他には、お料理番組の寸劇などで、カスタネットをうまく使って卵を割る仕草をやったり……アイディアがいっぱいだった。

● 例5：口げんか

特殊学級でのセッション。片岡が、デタラメな言葉でGさんに話しかけたら、Gさんもでたらめ言葉で返してきた。「ホペペ？」「べろべろぶー」などと喋っているうちに、互いにだんだん語気が荒くなり、デタラメ言葉の口げんかになった。「ギャギギギー！」「バデデ、ボンガー！」と、争いが頂点に達した時、Eさんが片岡の肩を優しく叩いて、「うそだよっ」と言って、一同大笑い。

アイディア2 動く楽器

BODY PERFORMANCE

　音楽は生きものだ。楽器も生きもの。音も生きもの。楽器を動かすと、視覚的にも面白いし、音源が移動していく様子も、面白く、さまざまな効果が期待できる。

●例1：近づくフルーツマラカス

下を向いて、視線を合わせてくれないAさん。Aさんと向かい合い、フルーツマラカス（みかんやバナナの形をしているマラカス）を転がしあって音を出していた。
Aさんはいつものように下ばかり見て、顔をこちらに向けてくれないが、マラカスには興味を持って、いじっている。最初は、お互いごく近くで向い合っていたのだが、少しずつ距離を広げてみた。
そして、ついには遥か彼方に離れたAさんに向かって、フルーツマラカスを転がした。「シャラシャラシャラシャラシャラ…」と音を立てて転がっていく。初めてAさんは、「はっ」として顔を上げ、投げたほうを見て、マラカスをキャッチした。

●例2：遠のくトーキングドラム

自閉症のBさんは、「ダダダダダダダン」と太鼓を一気に叩いては、しばらく黙り、また突然、「ダダダダダダダン」と叩く。
トーキングドラムをBさんの目の前に向けると、Bさんは、「ダダダダダダン」と叩く。
Bさんの休んでいる間は、Bさんから遠ざけて、「ボボボボン」と合いの手を入れる。
そして、再びBさんの目の前に差し出す。また、Bさんの「ダダダダダン」。引っ込めて、「ボボボボン」。これをくり返しているうちに、目の前ではなく、少しずらしたところに差し出しても、Bさんは、「ドドドドドン」とやった。

やがて、Bさんから遠く離れたところに差し出しても、Bさんは追いかけてきて、「ドドドドドン」とやるようになった。

●例3：蚊

鍵盤ハーモニカで高い音を伸ばしながら、＜＝＞する。蚊の声に聞こえる。蚊が飛ぶ動きを真似て、鍵盤ハーモニカを動かしながら部屋中動き回わって、時々、パチンと叩いてみた。みんなで蚊とり大会になった。

即興演奏のためのアイディア集　第❷章

アイディア3 ガチョーン効果

「ガチョーン効果」は、楽器や顔、体が、急にぐっと前に出てくるインパクトを音楽的に応用したもの。視覚的なクレッシェンド。「いないいないばあ」にも似た、視覚と聴覚の強烈な同期が強い演出効果を生み出す。【例1・2・3】。

例1　　片岡の動き　　　　　　　　　C君からの視点

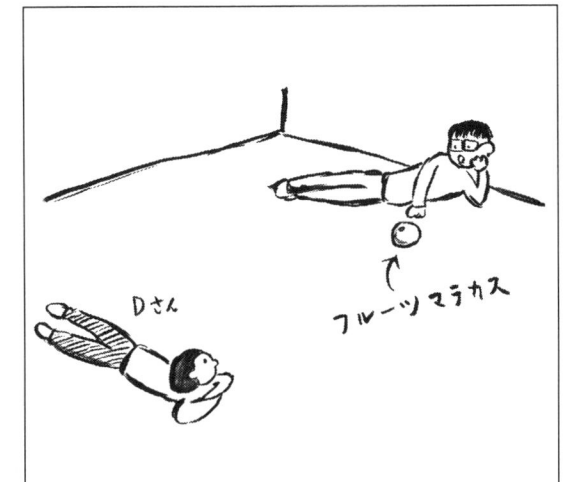

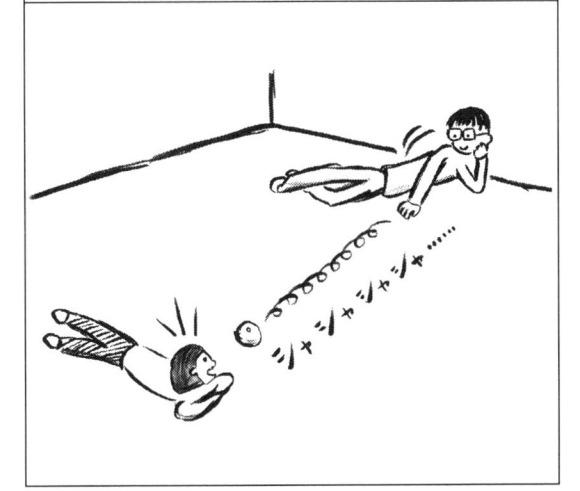

BODY PERFORMANCE

例2　片岡の動き　　　　　　　　Dさんからの視点

Dさん
フルーツマラカス
シャシャシャ……
シャカシャカ

例3

ピアノで即興連弾をしていたら、顔を近づけ合った時に音を出す、典型的なガチョーン効果のプレイになった。

即興演奏のためのアイディア集　第❷章

アイディア4 ボイスパフォーマンス

自分自身の声帯は、一番身近で、一番ストレートに表現できる楽器だ。

●例1　擬音語、擬態語ふう
「ポキポキ」、「ひょろひょろひょろ」、「ほわわわ〜ん」、「チョロチョロ……」、など。

●例2　動物の鳴き声
架空の動物の鳴き声をやってみる。「キシャー！」、「ナヒョーッ　ナヒョーッ」、「こここここここ」、「ヴヴヴィー」、など。

●例3　息
息のかすれる音（無声音）「Syu----」、「Sya Sya Sya Sya Sya Sya」

●例4　だみ声
「ヴぃー　まいどー」、「あ〜」

●例5　インディアン
昔のマンガのインディアンふう。手を口に当て、「ハワワワワ……」

●例6　えせ外国人
その国の言葉ふうのイントネーションでデタラメにしゃべる。
えせドイツ人（ハキハキと硬めに）「イッヒ、ベッヒ、シュッテルゲン、アイン、ゲルーツシュ！」
えせフランス人（小声で口をすぼめて柔らかく）「ボンニュイ、エ、シノワーレ、マルドュ、スワン？」
えせアメリカ人（陽気に口の中でこもらせながら）「ハ〜イ！エァンド、ヒュー、ワー、ナット、ベギン　ヒャオ！」

●例7　ボイスパーカッション
「ドふ　ドふ　パ！　ドドつつ　パ！」、
「つくチーつくチーつくチーつくチー」

●例8　グリッサンド
声は、グリッサンドが得意。
「ひゅ→ドン！」（爆弾ふう）、
「あ〜れ〜」（お代官様〜）、
「アアア──」（ターザンふう）、
「グオ♪ン」（飛行機の離陸ふう）、
「あ↘」（お風呂につかった時の感じ）。
声のグリッサンドは、身体の動きと相性がいい。

HARMONY

③ ハーモニー いろいろ

アイディア① となりへ和声学

以前、楽器の初心者の方に、
「鍵盤ハーモニカで野村さんと一緒に演奏したいんですが、どうやったらいいか、教えてください」
と尋ねられたので、
「何でもいいから音を出してみて。合っていると思ったら、そのまま吹き続けて！もし、音が外れていると思ったら、となりの鍵盤に行って！そうすれば多分大丈夫。それでも、おかしな音だと思ったら、また、となりの鍵盤に行ってみて！これを続ければ大丈夫」
と答えた。
彼は、どの鍵盤が「ド」の音かも知らない全くの初心者だったけれど、この説明だけで、自信満々の即興アンサンブルに参加することができた。
ボサノバやクラシックなど、ハーモニーのはっきりある音楽だと、デタラメに弾くと、合わないように聞こえる。しかし、よく考えると、1オクターブに12音しかなくって、その半分くらいは、和音の構成音やテンションだ。そう考えれば、デタラメに弾いても、50％の確率で合っている音が鳴る。
もし、音が外れた場合、となりの鍵盤に移れば、90％以上の確率で、合っている音が鳴る。
そうすると、最初の外れた音も、後の合っている音に続く「装飾音符」に聞こえる（和声学で言うところの「経過音か刺繍音」として処理したことになる）。だから、大丈夫。

●例：「となりへ！」式、4声和声学

ピアノで、右手で2つの音を弾き、左手で二つの音を弾き、合計4つの音で和音を作る【譜例47】。これを、【譜例48】のように、4分音符で何度も弾き続ける。

【譜例47】　　　　　　　　　　　【譜例48】

次に、和音の4つの音のうち、どれか一つを（半音または全音）となりの鍵盤に移動させ【譜例49】、4分音符で弾き続ける。

【譜例49】

また、4つの音のうち、どれか一つをとなりの鍵盤に移動させ、4分音符で弾き続ける。このプロセスを続ける【譜例50】。すると、どんどん違った和音の響きが現れてくる。

【譜例50】

アイディア2 平行移動

右手で作ったフレーズを、左手で平行移動して、ハーモニーを作る。

●例１：「シ→ソ→レ」【譜例51】というフレーズを思いついた。これだけでは短いので、ずらして、「シ→ソ→レ」の後、「ラ→ファ→ド」をやる【譜例52】。これに、左手をつける。「シ→ソ→レ」と下がる形を真似て、「ソ→レ→ソ」、「ラ→ファ→ド」に合わせて、「ファ→ド→ファ」とやって、くり返し演奏することにした【譜例53】。

【譜例51】

【譜例52】

【譜例53】 平行移動「3→4→5度」

CD 60

この響きに、他の人の叫び声とか、スライドホイッスルの「ひゅ ——— 」という音がとてもマッチして、気持ちいい時間になった。

（注：和声マニア向けに）左手が、右手と全く同じ動きではなくしたのは、響きを工夫するため。右手と左手で作る和音は、最初が３度、次が４度、最後が５度になって、この音程関係が循環するのが、印象的。ちなみに最後の５度は、そこだけ目立つので古典和声学では並達５度として禁ぜられているが、ここでは、その目立つのを利用している。

●例2：右手で、シ♭、ド、レ♭、ミ♭の4音【譜例54】で、即興演奏をしているうちに、メロディーが浮かんできたので、くり返し演奏した【譜例55】。

【譜例54】

【譜例55】

これに、左手で、平行にハモらせた【譜例56】。さらに何かベースの音がほしいと思ったので、拍の最初に、ベース音を付け足した【譜例57】。これをくり返しながら、展開させていった。

【譜例56】　平行移動「変イ長調3和音」　CD 61

【譜例57】

●例3：右手で、ファ、ソ、シ、ドの4音【譜例58】で、即興演奏しているうちに、パターンができて【譜例59】、ビートを刻み始めた。

【譜例58】

【譜例59】

これに、左手で、平行にハモらせて、リズムを強化した【譜例60】。これだけでも楽しいのだけど、リズムに変化をつけようと、【譜例61】のように3拍子にして、くり返し演奏した。激しいビートに、周りも好反応。

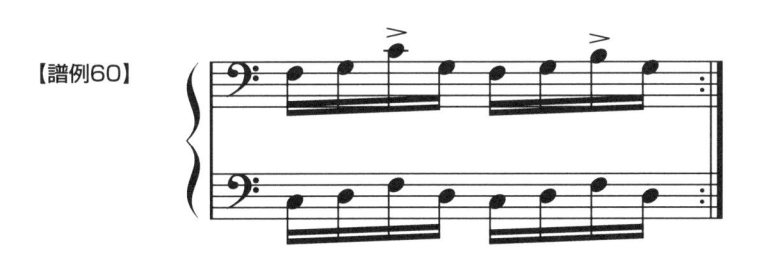

【譜例60】

CD 62 【譜例61】　平行移動「4度で激しい3拍子」

アイディア3 和音のストライクゾーン

　ストライクゾーンが「広い」和音と「狭い」和音がある。「ドミソ」と一緒に演奏すると、なかなかストライクになれないけど、「ドレファソ」だったら、いろんな音を弾いてもストライクゾーンをかすめる。

　相手のやることを狭く限定しない和音、いろんな表現を広く受け容れられる和音を、「ストライクゾーンが広い和音」と呼んでみよう。

●例1：【譜例62】を左手で弾きながら、歌の伴奏をする。例えば、「ふじの山」【譜例63】、「この道」、「むすんでひらいて」…など、いろんな曲がリリカルに伴奏できる。

【譜例62】

【譜例63】　「ふじの山」　　　　　　　　　　　　　　　　　　　　　　　　文部省唱歌

●例2：セッションで、「う〜ん」と唸り声をあげる人に対して、4度を中心に組み合わせた和音で響きを作ると、いい雰囲気になることが多い。かなり感覚的にやっているので、説明しにくいが、例えば【譜例64】のようになる。

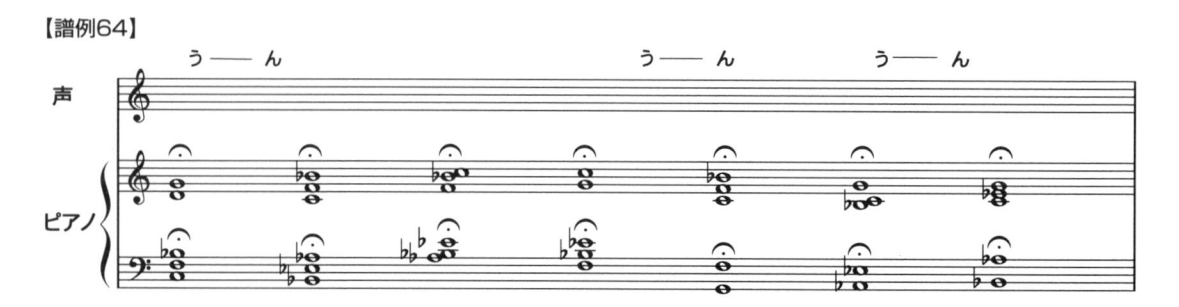

【譜例64】

●例３：フィンガーシンバルなど、音程のはっきりしない楽器とセッションしている時、ピアノでも「鐘」のような音が出したい時、【譜例65】のような和音で、「キャーーン」、「カキーーン」と応じることができる。

【譜例65】

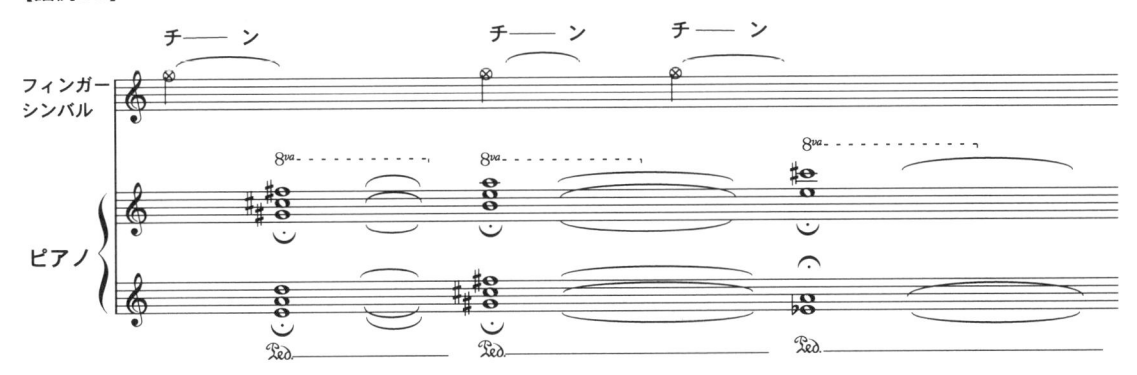

●例４：ピアノの音程をはっきりさせずに、ウッドブロックのように打楽器ふうにしたい時、長２度、短２度の和音（「シとド」とか「ソとラ」のように並んだ音２つ）を演奏することがよくある。例えば【譜例66】のようになる。

【譜例66】

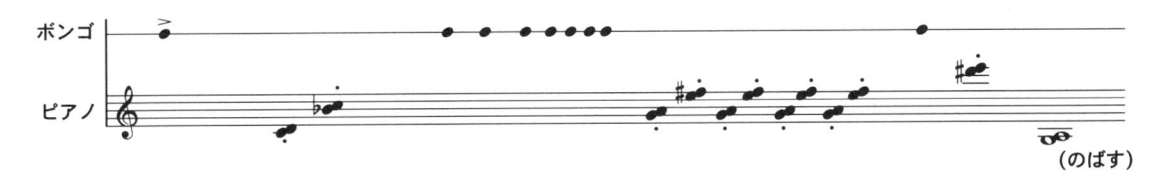

●例５：ピアノの音から、もっと音程をなくすには、手のひら、肘、お尻、頭、ぬいぐるみなどで、たくさんの鍵盤を同時に弾くのが手っ取り早い。
例えば【譜例67】をタイコを叩いているような気分で「ドーンチャ、ドッチャ」とやると、にぎやかになる。

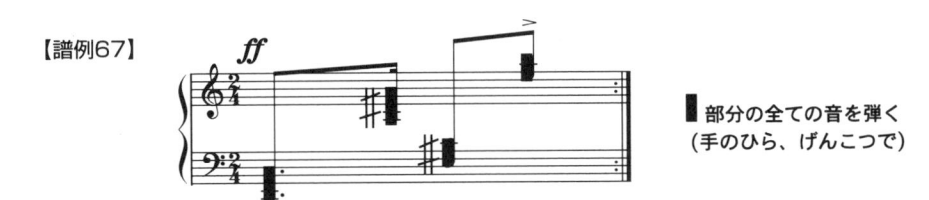

【譜例67】

■部分の全ての音を弾く
（手のひら、げんこつで）

●例6：手の形から発想する。

指の開き具合を決めてから、白鍵と黒鍵を適当に織り混ぜて鍵盤を押さえます。
そうやってイイカゲンに和音を鳴らすと、おのずとストライクゾーンが広い響きになります。

【譜例68】

1　シドミ系

2　ミファド系

3　レソド系

4　レソド系（左手）とドミソ系（右手）のコンビネーション

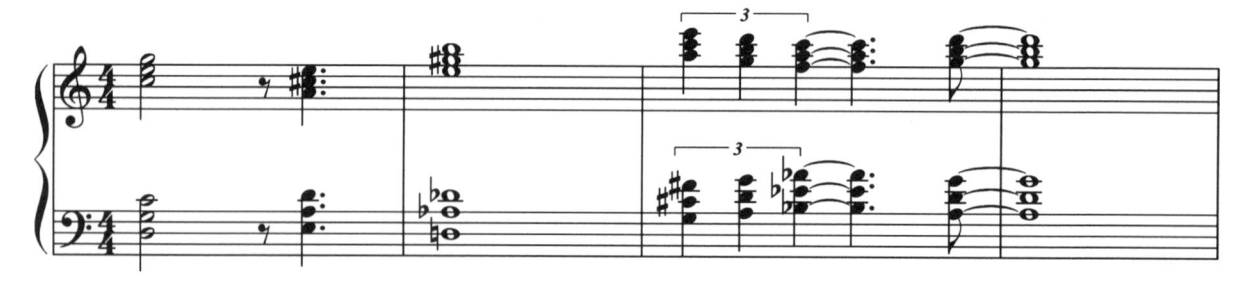

実用おもしろ楽器事典 ①

日用品も楽器になります。
既成の楽器も、工夫次第でいろんな演奏法ができます。
こうした発明・発見は、毎日のように起こっているので、これは
ほんの一例です。みなさんも、どんどん発明・発見してください。

イラスト・飛鳥幸子

跳ねるピンポン大太鼓

① 大太鼓を床に寝かせる
② その上にピンポン球をたくさんのせる
③ ばちでタイコを叩くと、ピンポン球がポップコーンのように大きくはずむ。強く叩くとタイコの外へ飛び跳ねていくものもある（子どもは、喜んで拾い集めては太鼓の上にピンポン球を放り入れるし、ばちで喜んで叩く）

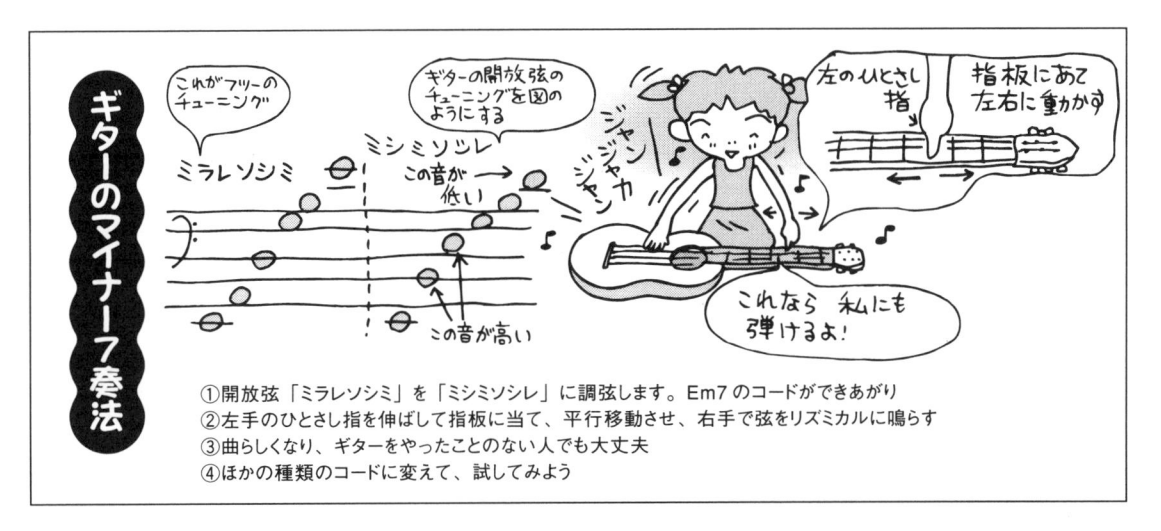

ギターのマイナー7奏法

① 開放弦「ミラレソシミ」を「ミシミソシレ」に調弦します。Em7のコードができあがり
② 左手のひとさし指を伸ばして指板に当て、平行移動させ、右手で弦をリズミカルに鳴らす
③ 曲らしくなり、ギターをやったことのない人でも大丈夫
④ ほかの種類のコードに変えて、試してみよう

呼吸する大太鼓

① 大太鼓の両面を手の平で押したり引いたりすると
② 小さな丸い穴から「スゥウ」「ハァー」「ヒュー」と大太鼓の呼吸する音が聞こえてくる

Part 2
セッションの
アイデア

第3章

即興セッションのためのヒント集

❶ 個人セッション
❷ 集団セッション

1 個人セッション

(1) 真似をする
(2) 意表をつく
(3) 見立てる
(4) 誘ってみる
(5) 絡まり合う合奏

ヒント1 真似をする

相手とどう関係をとっていいか分からない時、
「とりあえず真似をする」というのは、意外に有効だ。
特に、相手が「奇妙なこと」「特徴的なこと」をしている時。
まずは、できるだけ忠実に真似してみる。
そうすると、一応お互いにコミュニケーションしているように聞こえる。
ここを出発点にすると、実際にコミュニケーションが始まることが多い。
余裕があれば、相手の演奏の特長をデフォルメして、極端な真似をする。

例1 「ぷう～」の強調

　「扇風機」という言葉を執拗にくり返す自閉症のAさんは、何度も何度も「せんぷうき、せんぷうき…」と言い続けている。そこで、Aさんを真似して、「せんぷうき、せんぷうき」と言ってみる。
　だんだん、「せんぷうき」全部を真似せずに、「ぷうき、ぷうき…」と叫んでみたり、アクセントをつけてみたりすると、Aさんも「ぷうき」と言い出した。
　続けているうちに、「ぷうき」が「ぷう～」になったりして、おもちゃのラッパで「プー」と吹いてみたり……、だんだん楽器の音に移行していった。

例2　「う〜ん、ト、トン」のずらし効果　CD 63

　「う〜ん」と唸ってから（少し間をおいて）タイコを「ト、トン」と叩くBさん。この Bさんの「う〜ん」＋「間」＋「ト、トン」を、鍵盤ハーモニカで真似することにした。
　「ピロピロピロピロ…」（高音のトリル）＋「間」＋「ブペ！」（右手で、空手チョップ をするようにして、デタラメの和音を強く吹く）を鍵盤ハーモニカで、同時ではなく、B さんよりちょっとだけ遅らせて演奏した。するとBさんは、こちらをチラリと見た。
　次に「ト、トン」の後すぐ「ブペ！」とやらず、わざとこちらは音を出さなかった。す るとBさんはこちらを見て、次の演奏に移らずに待っていた。

（注）ちょっとだけ遅らせた理由は
（1）Bさんに気づいてもらいやすいから。
（2）音楽的にも、その方が豊かになると思ったから。

例3　不規則なリズムを不規則に

　ピアノで、ダウン症のC君と即興連弾をしていた。C君は、ノリノリでピアノをガンガ ン演奏していた。
　こちらも、感情をダイレクトに表現したいと思い、ニュアンスを強調しようと、（擬音 語的な）「ギリリリリ、ヒュ————————、ポカ、……、ペッペ、ぺ、ぺ、ぺっぺ、 ぺ、ど、ど、どっ、どぎゃーん！」と、しゃべっているような感じでピアノを演奏した。
　C君の不規則なリズムに対して、こっちも真似して不規則に演奏。C君は真似してもら って大喜び。ますます即興演奏にノリが出てきた。

例4　バチン、ドスンのアンサンブル

　相撲取りの土俵入りのように、手を大きく広げて「バチン」と手拍子をしながら部屋に 入って来たDさん。こちらも、同じ動作で向かい合って、「バチン」。相撲の始まる前のよ うに、向かい合っては、「バチン」をくり返す。
　途中で、「バチン」の代わりに、床を踏み鳴らす「ドスン」に変えてみた。だんだん変 化をつけていくうちに、リズム・アンサンブルが始まった。

例5　いかにも「指揮者」

　ずーっと膝を叩き続けているお年寄りのEさん。その膝を叩く動きに合わせて、楽器を 鳴らしてみた。そうすると、Eさんは指揮者になる。Eさんの膝を叩く動きが速くなると、 楽器も速くなるし、遅くなると、楽器も遅くなる。
　これを面白がって、Eさんはわざとスローテンポで膝を叩いたり、速くしたりし始めた。

例6　ジャンプと音

　部屋のすみにあるマットレスの高台からジャンプする子ども。床に着陸するのに合わせて、鍵盤ハーモニカで和音を鳴らす。子どもは「キャハハハハ」と笑い出す。
　マットレスに登る時は、別の軽快なリズムで演奏をする。ジャンプの着陸に合わせて、またさっきと同じ和音を吹く。たまに、和音を鳴らさなかったりすると、恨めしい表情で訴えられた。

例7　誘いのリズム「何よ？」「やめて」

　「トン、ト、トントン、トン」【譜例1】、とタイコを叩いたお年寄りのFさん。これを真似して、「コン、コ、コンコン、コン」、とタイコの枠を叩いて応える。しばらく、タイコ同士での会話が続く。

【譜例1】（トン　ト トン トン　トン）

　そのうち、Fさんの「トン、ト、トントン、トン」に対して、「何よ？」、「トン、ト、トントン、トン」「やめて」とユーモラスなリズム【譜例2】で応えたら、その言葉に誘発されたFさんは、タイコのばちでチャンバラ風に切りかかってくる仕草を始めた。「やめて！」とリズミカルに応えたら、Fさんも大笑い。

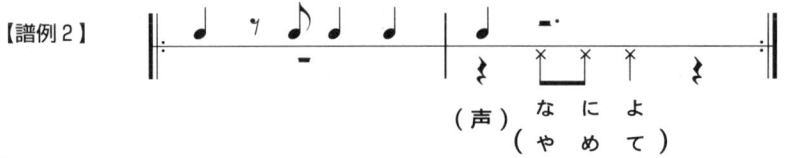

【譜例2】（声）なによ（やめて）

例8　ボンゴ対決

　相手の間合いをはかって、合わせたり、敢えてずらしたり、というところで、音楽は武道と似ている。
　右ページの「ボンゴ対決」は、自閉症のA君が一発「タン！」と決めては楽器から離れる、という演奏をし始めたのがきっかけだった。長いフェルマータと、強烈なスタカートの繰り返しだ。それを片岡が真似る。
　面白かったのは、暗黙のルールができ、またそのルールが変化していったことだ。互いにマネをしあっているときがあるかと思えば、隙を見て相手を出し抜こうとしている時もあった。片岡が「タ、タン」と2発打ったら、次にA君も2発打ったり、そうならずににらみ合いのほうに重点が置かれたり。
　同時にボンゴのところへ行こうとしてしまった時は、叩かずに、ササッと二人同時に離れた時もあった。
　「暗黙のコミュニケーション」。これこそ、即興演奏の奥義といえる。

ボンゴ対決

ヒント2 意表をつく

> こっちが相手の真似をするばかりでなく、
> たまには、相手にも真似してほしいものだ。
> でも、無理に真似させるのは逆効果。強制すると、嫌がられる。
> 真似してほしいなら、真似したくなるような面白いことをやる。
> 意表をつく表現で、相手を「はっ」とさせて真似してもらおう。
> 「ここぞ」という時に、びっくり仰天の意外な表現が効果的。

例1 激しい中の「カチカチカチ」

　　自閉症のＡさんとの即興セッション。Ａさんは、ドラムセットで、「ドドドドドン」、「ぼわ～ん」、とエネルギッシュに演奏している。こちらも、それに合わせて、フロアータムを「ババッババッバンバ～ン」というように、叩いて対抗。
　　太鼓の激しい音の中、意表をついて、太鼓の枠を「カチカチカチ」と叩いたら、Ａさんも即座に、枠を「カチカチ」と叩き始めた。

例2 お箏の乱調グリッサンド

　　自閉症のＢさんと、お箏に向かい合う。爪はつけずに、指でポン、ポンと交代で、静かに絃を弾く。
　　ここで、意表をついて、全部の絃を一気に「バラララララララン」とグリッサンドしたら、咄嗟にＢさんも「バラララララララン」と真似を始めた。

例3 乱暴にグリッサンド

　　発達障害児のＣ君は、こちらが言葉で語りかけても、関心を示さずに部屋の隅っこにいた。ピアノを弾いても反応がない。
　　そこで、ピアノで「パラララララララ」と乱暴にグリッサンドをした途端、タタタタタタッと駆け寄って来て、真似してピアノを弾き始めた。

例4 突然、ロックギタリスト

　　ダウン症のＤ君との即興演奏。Ｄ君が、エネルギッシュに太鼓を叩きまくっているので、

こちらも負けじと、ピアノをガンガン鳴らしまくる。延々と激しい演奏が続く。一緒に演奏してはいるのだけど、何だか無視されているような気がした。
　そこで意表をついて、突然、ロック調のビート【譜例3】を弾いてみた。すると、D君は突然、太鼓を止め、部屋の隅からギターを手に取り、ロックギタリストのようなポーズで、ギターの弦をかき鳴らし始めた。

【譜例3】

（これをオクターブユニゾンで）

例5　「イェーイ」のコール＆レスポンス

　障害児との集団セッション。ピアノに群がり鍵盤を弾きまくる子どももいるし、別の楽器をやっている子どももいる。部屋のあちらこちらに散らばって、それぞれ没頭している。そこに、意表をついて「イェーイ」と手を挙げて突然叫んでみる。すると何人かが「イェーイ」と応え、何人かが手を挙げる動作を真似した。

例6　キーボードから床太鼓へ

　障害児との集団セッション。キーボードを弾き続けていた。
ある時、弾きながら、突然「ドンドン」と足を踏み鳴らす。たちまち子どもたちも真似して、「ドンドン」と始めた。

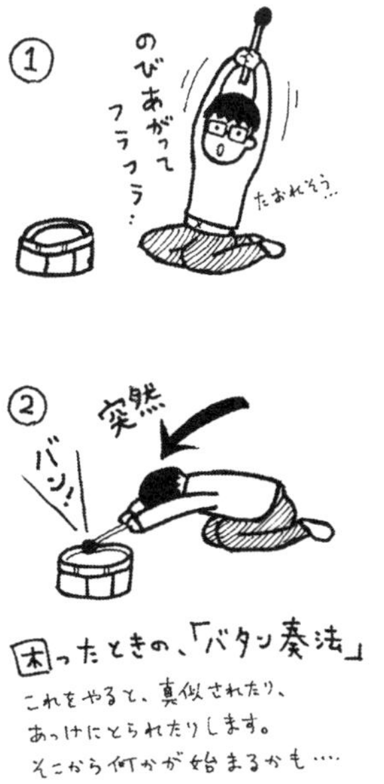

例7　困ったときの「バタン奏法」

これも効果的です。
間合いをはかる。時間をとめる。
音や動きをとめて「間」をつくる。

ヒント3 見立てる

相手の表現を、自分の知っている音楽ジャンルに見立ててみる。
例えば、「叫び声」を「ロック・ヴォーカル」と見立ててみる。
ピアノの「げんこつデタラメ弾き」なら、
フリージャズの「セシル・テイラー」だと見立ててみる。
「断続的な緊張感のある太鼓」を、お能の「鼓」に見立ててみる。
「地声の甲高い声」を「民族音楽系」と見立ててみる。
この場合「何をどう見立てるか」よりも、
「見立てた後の展開のし方」が重要だから、
自分にとって、入って行きやすく、好感を感じる見立てをするのがいい。

「見立て」その1
相手の表現を、自分の感じ方に無理やり引き寄せてみる。
相手を積極的に誤解してみる、という理解のしかた。
コミニケーションの糸口として。
（人にレッテルを貼るものではありません）

例1 叫び声をロックボーカルに　CD64

「ギャー！」と楽しそうに叫び声を上げるAさん。その声を「ロックのヴォーカル」だと思ってみることにした。ドラムセットで、ハードロックふうのリズムを叩くと、大いに盛り上がり、声もドラムも、より大きい音になっていった。

「Aさん自身にとって、叫びは、ロックヴォーカルのつもりだったのか」はこの際、考えなくてよい（おそらく違う）。重要なのは、Aさんの声を「ロックだ」と見立てることで、2人の間に肯定的な接点が生まれたことだ。その後は「ロック」というカテゴリーのことは忘れて、即興を展開していけばよい。

例2　昔の前衛パフォーマンス

　　ピアノの鍵盤を、とてもゆっくり押さえるBさん。音がかすかに出るか、出ないかのどちらかだ。その様子を、「ひと昔前の（60年代）前衛パフォーマンス」に見立てて、合間にギターの弦をこすった音をかすかに入れてみた。部屋の電気を消すと、ムード満点。

例3　「あいさつ」は「ラップ」

　　自閉症協会三重県支部主催のコンサートで、自閉症者約３０人と集団即興をやった。演奏は盛り上がり、終了予定時刻を少し過ぎた時、演奏者の中の２人組が、壇上のマイクで、暗唱していたらしい「終わりの挨拶」を喋りだした。
　その声がラップのように聞こえたので、叩いていたドラムセットのテンポを、２人がしゃべるテンポに合わせてみた。２人組は、同じ内容の文章を、何度もリズムに合わせて繰り返し、会場は大受け。和気あいあいとしたまま、コンサートは終了した。

【注意！！！】
相手が、強く不安を感じていたり、拒否している場合に、見立ての技法を使うのは禁物。
本気で泣き叫ぶ声を、「ブルースのようだ」、逃げ出そうとして扉を叩く音を、「太鼓だ」ｅｔｃ．
これらは、もちろん味わっている場合ではないです。

「見立て」のヒント

顔や服装から判断して見立ててみる（おもに初対面の人）。
チェックの服で、やんちゃな感じの男の子だったら「カウボーイ風」？
ストレートの黒髪、しょうゆ顔の女性なら「北国ふう」？
天然パーマで、色黒だったら、「ジャズドラマー」？
少々軽薄な判断で、失礼だとは思うけど、服装や表情から直感的に感じた見立てが、意外と、本人のテンポ感や、響きの好みにマッチすることも多い気がする。
しかし見立ては、あくまでも、コミニケーションの糸口。ひとつのインスピレーション源。最初の１音を選択するための取っかかりにすぎない。
既成のジャンルに見立てるだけではなく、例えば、目をつぶってジッとしている人に対して、「集中して音楽を聴いてくれているなあ」と見立てたり、落ち着きのない子どもにたいして「ノリノリで踊ってくれている」と見立てたりします。

「見立て」その2

偶然聞こえてきた環境音やノイズを、音楽の一部と見立てる。
遠くを通る救急車の音、工事の音、鳥の声、雨音など

例 4　モチ売り屋は共演者

　公園で即興演奏のコンサートをやった時、シリアスな響きになっているところで、遠くから、わらび餅を売る声（テープ？）が聞こえてきた。一瞬、雰囲気がぶち壊しになるかと焦ったが、「わーらーびーーもちっ」という声を、共演者だと思うことにして、笛で真似て吹いたり、鍵盤ハーモニカで和風のハーモニーをつけてみたら、せつないような、懐かしいような雰囲気の音楽になり、評判がよかった。

（おまけ）ちなみに、即興演奏で、演奏を止めて、大きく間を空けることが苦手な人（沈黙に長く耐えられない人）は、「しーん」としたフェルマータの間、部屋の空調の音や、外を走る車の音を共演者だと見立てて、よく聴いてみましょう。間が持ちますよ。たいていの場合、沈黙ではなく、何か音が鳴っているものです。その音を共演者に見立ててしまいましょう。

ヒント 4　誘ってみる

恋の誘惑のように、誘ってみる。
相手が誘いにのってくれるか、かわされるか？
相手はこちらの思惑とは全く違った反応を示すかもしれない。
望む反応が返ってくることの方が少ないだろう。
でも、思ったものが返ってこないからこそ、誘う意味があるのだ。
とにかく、相手から意外な反応を引き出すためにも、誘ってみよう。

例 1　ボサノバで ← ガガガガ

　反応の乏しいAさん。ボサノバふうの伴奏をしたら、鼻歌ふうにハミングしてくれるのでは、と考え、静かにボサノバ伴奏をして誘ってみる。ところが、何を思ったのかAさん

は、突然、ガガガガガと叫び出した。すごいテンションだ。こちらもボサノバふう伴奏をやめて、ピアノをテクノふうにガンガン思い切って弾いて応じた。

例2　チリチリチリで ← ズカズカ、ドンドン

恥ずかしがりのBさん。プレッシャーにならないように、少し離れた遠くから、チリチリチリと鈴を鳴らして誘ってみる。静かな雰囲気を楽しみましょう、と誘ったつもりだったのに、Bさんは思いがけずズカズカと向かって来た。そこで、こちらもドンドンと言いながら、一緒になって部屋を歩き回った。

例3　8ビートで ← ゴロンと昼寝

ドラムセットで突然8ビートを叩いてみた。セッションを盛り上げようよ、と誘ったつもりだった。ところが、Cさんは何を感じたのか、床にゴロンと横になった。そこで、激しいビートをやめて、シンバルを静かにシャカシャカと演奏した。Cさんは目をつぶって心地良さそうに聞いてくれた。

例4　鍵ハモ・ロングトーンで ← しめしめテンポダウン

うるさくドンドンと太鼓を叩くDさん。もう少し落ち着いてやろうよ、と誘うつもりで、鍵盤ハーモニカでロングトーンを伸ばして、ゆったりと演奏。すると、Dさんもテンポが遅くなっていった。

例5　ゆったり鍵ハモで ← 気にせずドンドン

もう一人うるさくドンドンと太鼓を叩くEさん。もう少し落ち着いてやろうよ、と誘うつもりで鍵盤ハーモニカでロングトーンを伸ばして、ゆったりと演奏。ところが、Eさんは気にせずドンドンと太鼓を叩く。どうやら、ゆったり気分ではないらしいので、一緒に太鼓を思い切って叩く。

例6　ふるえ踊りで ← ふるえては止まる音遊びに

さらに一人うるさくドンドンと太鼓を叩くFさん。そこからトレモロの演奏に移ろうよ、と誘うつもりで、Fさんの前でしびれたように震えてみる。震え踊りに笑いながら、Fさんが太鼓を一発ドンと叩いたのに合わせて、震えをストップさせてみたら、Fさんは大喜び。そこで、震えては止まる音遊びのように展開していった。

例 7 マレットで ← 楽器の間を行ったり来たり

　うろうろと歩き回っている自閉症のGさんに、マレットを1本手渡してみた。歩き回りながら、シンバルや木琴、コンガなどの間を行ったり来たりしながら、1発ずつ叩いて周りはじめた。

楽器のすすめかた

直接楽器をすすめることは少ない。なぜかというと、渡されて半ば義理で鳴らす音よりも、自分が選んだ楽器を好きなタイミングで鳴らしている方が、音がイキイキしているから。

本当はやりたいけど、遠慮しているような様子の人には、どんどん勧めてみよう。
お呼ばれの席で、目の前の茶菓子を、遠慮しながら睨んでいる人に、絶妙のタイミングで「どうぞ」と言う感じ。

「これ、やってみません？」と言って、楽器を渡す。
その人の正面に、何食わぬ顔で、ぽんと、楽器を置く。
その人が手を伸ばしたら届く程度の距離（斜め前とか）に、さりげなく楽器を置く。
バチだけ渡す。

例 8 アゴゴベルで ← 小さな音が好き

　集団即興で、いつも目立たない音しか出さないHさんに、小さな音を出すことの難しいアゴゴベルと、先の固いバチを渡してみたら、Hさんは、バチを逆向きに持ち替えて、楽器の端っこを弱く叩き、工夫して小さい音を出した。
　いつもと違う表現をしてもらう目論見は失敗したが、Hさんが、小さな音で参加するスタンスが本当に好きだということが、はっきり分かった。

ヒント 5 絡まり合う合奏

相手が演奏しているフレーズが、いまひとつ面白みに欠けるとき、よく似た音色やフレーズを重ねて、それを少しずらしながら演奏することで、絡み合う魅力的な響きやリズムを生み出すことができます。

例 1 音色を絡ませる「ピアノと鉄琴」 CD 65

A くんがピアノでこんな感じのフレーズを弾いた【譜例4】。

【譜例4】

♩= 70 くらい

A君の弾いてるピアノのペダルを踏みながら、鉄琴で似たフレーズ【譜例5】を重ねたら、ガムランのような響きになった。

【譜例5】

鉄琴

ピアノ

例 2 拍子を絡ませる「ボンゴとコンガ」 CD 66

B さんがボンゴを元気に叩いた【譜例6】。

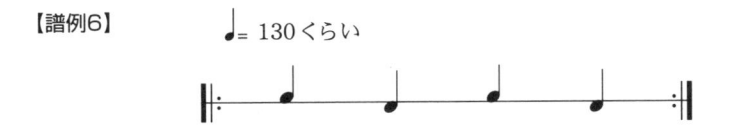

【譜例6】

♩= 130 くらい

B さんのリズムを3拍子に感じてみることにして、コンガを【譜例7】のように重ねたら、うねるようなグルーヴが出た。

【譜例7】

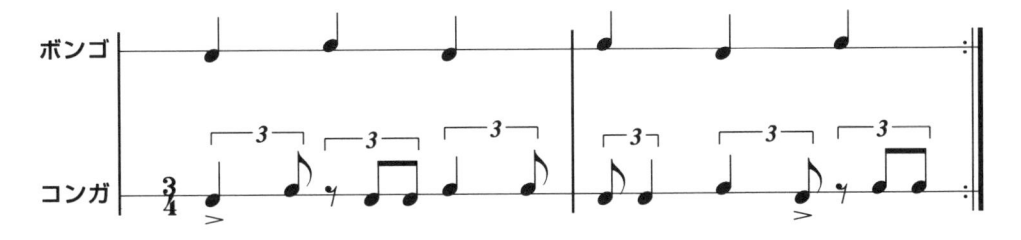

ボンゴ

コンガ

2 集団セッション

(1) クセナキス
(2) やらないというやり方
(3) 強制感の弱い指揮
(4) ドサクサ感
(5) クセナキス対処法

ヒント1 クセナキス

それぞれの人がバラバラにやっているのに、全体として
エネルギーのある「音の渦」ができている状態を、
「クセナキス」と呼んでみる。
障害者施設などで音楽をした場合、「クセナキス」になることが多い。
それは、一見デタラメに聞こえるが、各自が、同じムードを共有し、
感覚的に同じ方向を意識した演奏をしている
（「激しく」とか、「伸びる音」とか、「たくさん叩く」とか…）。
そういう時に、メロディーや「ブンチャッチャ」伴奏をしても、
なじまない。全体の音の響きを、大切にしたい。

クセナキス（＊）は20世紀を代表する作曲家の一人で、とてもエネルギッシュな音の渦を作り出す。たくさんの太鼓が、全員バラバラに、猛烈な勢いで叩いている曲「ペルセファサ」や、弦楽器全員が「キュイ――ン」というようなグリッサンドをバラバラに演奏し、めまいがするような不思議な響きを生み出す「メタスタシス」を作曲し、現代音楽に大きな波紋を投げかけた。

ヤニス・クセナキス（1922～2001）　　ギリシア生まれの作曲家。アテネで建築を学ぶ。
はじめ建築家のル・コルビジェと協働で作品を発表。オネゲル、ミヨー、メシアンにも師事。
得意の数学を生かした独自の技法を使って、斬新で官能的な音の響きの作品を作った。

例 1 しばらくすると「相互作用」

　集団でのセッション。ステンレス鍋を叩き続ける人、鉄琴を叩き続ける人。全員違ったテンポで、執拗に叩き続けている。ものスゴイ勢いで、音が沸騰している感じ。沸騰しているお湯から次々にアワがはじけるような不規則なリズムとエネルギーだ。
　そこで、しばらく手を止めて、この「クセナキス」に耳を傾ける。
　こうやって「クセナキス」になっている時は、リーダー的な中心人物がいない。そのまま放置していれば、自然に誰かと誰かの演奏の間に「相互作用」が起こる時が来る。
　そういった相互作用を見つけたら、それを強調する演奏をすれば、自然とそこから音楽が展開していくはずだ。

例 2 ベルの「しゃんしゃん」に、太鼓でトレモロ

　10人ほどのお年寄りが、太鼓などの楽器を各自で勝手に演奏している。しばらくは、「クセナキス」が続く。
　そのうち、気がつくと、メンバーの何人かが、すずやハンドベルを、「しゃんしゃん」、「リーン」と鳴らしている。その音が美しかったので、一人ずつ自発的に、ハンドベルに持ち換えていく。手に障害のあるお年寄りは、手の震えでトレモロがうまい。気がつくと、全員がトレモロになっている。「リーン」、「リーン」。美しい響きが、鳴り響く。
　そこに、一人のお年寄りが、トレモロに変化をつけようと、縦に「しゃんしゃん」と振り始めた。
　このリズムを強調しようと、ぼくは太鼓に持ち換え、「しゃんしゃん」に合わせて、「ドンドン」と叩き、ベルのトレモロに合わせて、太鼓でトレモロをした。すると、お年寄りたちが、ぼくの太鼓のリズムに呼応して、リズミカルな音楽をやり始めた。

CD 67 「クセナキス状態からダンスミュージックへ」

ヒント2 やらないというやり方

即興演奏で最も高度な技法は、「やらない！」というやり方だと思う。
一度、演奏を始めてしまうと、演奏を中断することは、
とっても勇気がいること。まして、自分が集団をビートで支えている時に、
思いきって「やらない！」を選択するのは、本当に勇気がいる。
せっかくのいいムードを、台なしにしてしまうのでは、
という不安を振り切って、「やらない！」をやってみる。
すると、音楽が驚くほど意外な方向に展開していくだろう。

A ON／OFF（やったり、やめたり）

「だるまさんが転んだ」のように、一斉に止まるアプローチもあるけれど、ココで言う「ON／OFF」は、少し違ってリーダーだけがやめる。
リーダーが音の大きい楽器（太鼓、ピアノなど）で、パターンを反復しながら、その場の雰囲気を盛り上げると、セッションの参加者も、リズムにのって、ハイテンションに楽器を演奏したりする。
そうやって、盛り上がった時に、突然、全体を支えている演奏をやめてしまう。すると、今までと違った緊張感が生まれ、曲が展開し始める。

例1 ピークでさっとやめてみる

知的障害者との集団セッション。速いテンポでジャンベを叩くのに合わせて、各自がいろんな表現をして、グループ全体が音の渦になっている。ジャンベの音量をドンドン上げると、グループ全体が盛り上がっていった。

ガンガン盛り上がり、最高潮に達したと思った瞬間に、思い切ってジャンベの演奏を止めて（ＯＦＦして）みた。
　すると、他の人たちの演奏（すず、木琴、鉄琴、笛、太鼓、エアコンのホース、ビブラスラップなど）が、漂うように、「しゃんしゃ～んしゃん」、「カラカラ…」、「ピ～」と鳴り続けている。
　ジャンベの低音が抜けて、急に鉄琴やすずなどの高い音が目立ってきた。均一なビートはないが、全体で「クセナキス」になって、響きあっている。
　しばらく何もせずに、その響きを楽しんでみる。聞いているうちに笛の音が祭り囃子のように聞こえたので、今度は太鼓で日本風のリズムを叩き始める（ＯＮする）ことにした。

（注）リーダーのリズムが「ＯＮ」の時は、各自がリズムを身体で感じて、安心して楽器に没頭できる。
逆に、リーダーのリズムが「ＯＦＦ」になると、「あれ、どうしたの？」という不安定な曲調になったりする。
不安定で緊張が生まれた時に、一人一人が周りの音を以前より意識するようになって、音楽的なコミュニケーションが起こりやすくなる。【図】

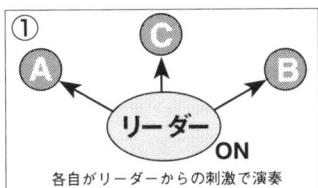

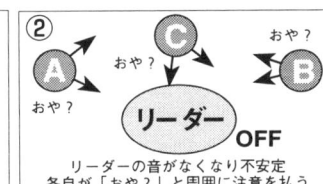

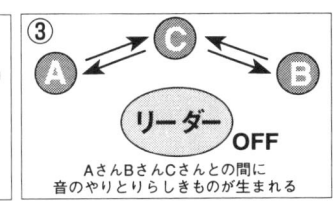

①	②	③
リーダー ON 各自がリーダーからの刺激で演奏	リーダー OFF リーダーの音がなくなり不安定 各自が「おや？」と周囲に注意を払う	リーダー OFF AさんBさんCさんとの間に 音のやりとりらしきものが生まれる

例2　つられ出したら、ピアノをやめる

　集団セッション。ピアノでロック調のビートをガンガン弾いていたら、何人かがピアノにつられて叫ぶように歌い出した。
　ここで、突然、ピアノをやめて（ＯＦＦして）みたら、「あ～」という声のアカペラの不思議なハーモニーが残った。
　しばらく、声で遊ぶような即興が続いた。

B 居心地の悪い間（ま）

　相手が「しーん」として何もやらないような時に、こちらからアクションをかけたいのを我慢して、一緒に「しーん」としている。
　気まずい沈黙が続く。間が持たなくなるが、沈黙を続けて、相手のアクションが起こるのを待つ。
　こんな時に起こる「かさかさかさ」…（沈黙）…「ひそひそ」…という音の少ない渋いやりとりが、詩的で美しい。初めてのデートのように…。

ヒント3 強制感の弱い指揮

小節線を意識させる指揮者と、そうでない指揮者がある。

例1 即反応

指揮者の真似をする。指揮者が踊る（動く）のに合わせて演奏する。指揮者が止まると、演奏する人も止まる。この場合は、「だるまさんが転んだ」的な反応し合うゲームの様相が強い。

例2 ピチカートがアルペッジョ

約30人の親子とのセッション。全員が箏を演奏している。指揮者の演奏の真似をする。指揮者が、ピチカートで絃をはじくと、全員が即座にピチカートで絃をはじく。ところが、各自の反応速度が違うのと、はじいた絃のピッチが違うため、全体ではアルペッジョに聞こえる。

例3 ディレイのかかった複雑な響き

100人の小学生とのセッション。全員が鍵盤ハーモニカで、指揮者の演奏の真似をしている。指揮者が1本指で、白鍵の高音部のロングトーンを吹くと、全員が高音のロングトーンを伸ばす。すると、全体では、高音の白鍵ばかりの複雑な和音が響く。指揮者が、低音から高音にグリッサンドをすると、全員が即座に真似を始めるが、反応速度が人によって違うので、ディレイがかかった複雑な音響が得られる。

ヒント4 ドサクサ感

例1 効果音を加えてみる

全体が妙にリズムがそろったアンサンブルになっている時、あえてリズムには合わせない音を足して、少し「ドサクサ感」を増やした方が自由に音が出しやすくなることがある。
リズムがそろい過ぎると、そのリズムから外れている人が間違っているように聞こえてしまう。そういう時は、おもちゃで「パフ」とか「ヒュー」とリズムに関係なく効果音を鳴らす。そうすると、ドサクサ感が出てきて、自由に音が出しやすい空気が生まれ、音楽も複雑に響き始める。

多層的な音楽……多民族・異文化共存の時代に
（ポリミュージック）

　多声音楽（ポリフォニー）は、はるか昔からあったし、ポリリズムも、アフリカなど民族音楽では、頻繁に見られるけれど、多層的な音楽というのは、１９世紀までは存在しなかった概念だと思う。「ポリミュージック」と名づけてもいいだろう。

　多層的な音楽は、２０世紀後半に出てきた。ツィンマーマンというドイツの作曲家は、１台のピアノがドビュッシーを演奏している時に、もう１台がバッハを弾いているような、お互いが全く違うことをしていて調和する音楽を作曲した。メシアンは、ヴァイオリンに時々鳥の鳴き声を模倣する演奏をさせ、他の楽器には、リズムカノンをやらせたり、グリッサンドをさせていたり、それぞれの楽器がバラバラに違ったことをしているのに、調和する音楽を作曲した。彼は、森の中で鳥たちが歌っているのを聴くことから、そういったバラバラな調和を学んだようだ。ビートルズも、スタジオの多重録音を駆使して、ロックバンドと街の雑踏の音とか、テープの逆回転する音とか、いろんな音をミックスしてレコードを作った。

　今や音楽が多層的なのは当たり前になってきている。それは、現代が異文化共存の時代だからとも言えるかもしれない。もはや、現代に、ハイドンみたいに、一つの常識に全員が合わせることって、難しい。音楽も多民族共存のように複数の音楽が同時平行して存在する時代に入っている。

　知的障害者の集団セッションで、各自がデタラメに演奏している多層性には、どこか懐かしいというか、聞き覚えがあるな、という感じを持つ。それは、セシル・テイラーやオーネット・コールマンのようなフリージャズを連想させるし、ある種のパンクロックやノイズミュージックのサウンドにも近い。

例2　「足りない音」を想像して加えてみる

　大きな音をカンカンカンと出し続けたり、キィ―――と甲高い声や音を出している人がいると、「やめて〜っ！」と自分まで大声出してしまいそうになる。でも、そこにどういう音が足りないのかと考えて、そういう音を足してみる。すると、単独だと不快だった音が、「組み合わせの妙」で心地よくなる。

　例えば、その人より、もっとうるさい音を出してしまえば、それに比べればきれいだ、という状況を作ることができる。単独だと「き―――」っていう不快な音も、ドラムで「ドッツ、カッカ、ドッツ、カー」という音が加われば、ロックやヘビーメタルのギターのように、必要な音に聴こえてくる。そうやって続けているうちに、お互いの音がそんなにうるさい音じゃなくなっていったりする。

ヒント5 クセナキス対処法

「クセナキス」【ヒント1のp92参照】になっている状態で、対象者は楽しんでいるのだろうか？
考えられる状態は、主に2つ

（1）「どうにかしてくれ〜！」と困っている。不安。
（2）めいめいが周りを気にせず没頭。誰も困っていない。全然、不安ではない。

　みんなが元気いっぱい叩きまくって、騒々しい状態になっている場合、9割以上の確率で（2）だと考えられる。困って、不安な人々が堂々と自信満々に大きい音でバラバラに演奏する、ということは考えにくいからだ。
では、このような状態であるとき、どう対処したらいいのか。
まず、どのくらいの時間があるかによる。あと5分で終わらなければならないのと、30分以上セッションを続けてもよいのとでは、全く状況が違う。

ステップ1　それを聞く、味わう

　もし、充分に時間があるのなら、まずはその状態で放置して、演奏を味わうことがお薦めだ。
　何もしないで自由時間の状態、渾沌、デタラメなクセナキス。こんな時には、
　　「何かしなくっちゃ」
と焦ることもあるかもしれない。その場は放置してもいいけど、
　　「最後を閉めなくっちゃ！」
　　「どうやって終わったらいいのか？」
と終わらせ方で不安になるかもしれない。しかし、
　　「即興は宴会が終わるように終わる」
のだ。即興セッションを宴会にたとえるなんてケシカラン、と言わずに聞いてください。宴会は、参加者一人一人が、勝手に没頭している場のいいモデルで、非常に参考になる。
　宴会にもいろいろあって、自然に終わる宴会もあれば、閉店時間が来たので
　　「すみません！　皆さん、時間になりました！」
と、無理やり幹事さんが打ち切るときもある。でも、せっかくの楽しい宴会、終わりを気にして参加するなんて、バカバカしい。どうやって終わったか、は重要なことではなく、その中で過ごした時間が楽しかったか、有意義だったか、が大切なのでは？　ひとまず、どうやって終わるなんてことは気にせず、今をどうやって楽しむかに目を向けたい。
　渾沌の状態を続けずに、まとめて「ジャン」と終わらせた方が、施設の職員さんにも分

かりやすい、なんて弱気になってはダメ。
「今日は、みんなが自由に好き勝手やっている演奏を見ているんです」
とでも、一言説明して、自信満々の表情でドーンと構えて、バラバラに演奏している人々の没頭している様子を見てみればいい。
一人一人が自分のリズム感で自分を表現していて、それが全体でバラバラになっている。
「まとめなくっちゃ」
と思ってこうした音を聴くと、どんどん焦るかもしれないが、
「放っておけば、そのうち自然にまとまるだろう」
というくらいの大らかな気持ちで音の振動をカラダで感じ、その場で巻き起こる音の渦を楽しむのだ。

ステップ2　気になる人（困っている人／絶好調な人）を見つける

ただ、放置して聞いているって言っても、それで何もしないんじゃ、職務怠慢。でも、敢えてリーダーシップをとらずに、じっくり聞くのが本当のプロの仕事。
まず、【ポイント1】は、聞いている様子。クセナキスを見守る人が、妙にギコチナイ入学試験の監視の人みたいな目で見てはダメだろう。その場にいる人たちと同様の気分を共有しながら、つまりは肩の力を抜いて、そこに自然に居場所を見つける。それこそ、演奏の中のちょっとした空間を見つけて、そこで踊ってもいいし、寝転んでもいいし、楽器を鳴らしたり、鳴らさなかったり。まあ、自然にその場に存在することがいいだろう。
こうしたバラバラの状態が5分とか10分とか続いたとする。時間の経過とともに、各人の没頭具合は微妙に変化していくだろう。長時間一つの楽器に飽きずに没頭できる人もいるし、しばらくすると飽きてしまう人もいる。その場に自然にいながら、飽きてしまった人がいないか、注意を払う。監視する人の目で探すのではなく、何か市場で買い物をしている時のような目で、チラチラと目をやるうちに、誰か気になる人を見つけるのだ。
「あ、あの人、退屈し始めているかも。あの人と関わりたいな」
という場合もあるかもしれないし、
「あ、あの人、すっごい目立った演奏してる！　あの人の演奏を強調してみようかな」
という場合もあるかもしれない。

ステップ3　気になる人に寄り添う演奏

渾沌とした集団の中で、あなたの気になった人は、その集団のテンションの中で馴染まない特色を出しているに違いない。渦の中に埋もれるのではなく、何かあなたの注意を惹いてしまった存在だ。その演奏がいいな、と思えば、すぐにその人の演奏に合わせて演奏を始めればいい。

逆に、その人の演奏が良くないと感じた場合は、ちょっと工夫がいる。一つの方法は、強引に良いところを探してみる。もう一つの方法は、良くないと思った部分を逆転の発想で良いと思い込んでみる。良いと思い込んだ面を強引に強調してみる。そして、果たしてどうなるかを見守るのだ。

例1 ラテンのビートで工夫する

カウベル登場で、カンカンカンと叩いている人。どう聞いても、拍にしか聞こえないくらい、ぶっきらぼうに、執拗に単調に叩いている。そこで、このカウベルに合わせて、タイコでビートを入れてみるのだが、カウベルを4分音符として処理する方法もあるし、カウベルを2分音符の3連符に聞こえるようにビートを叩く方法もある。カウベルを3連符に聞こえるようにビートを入れる時は、ラテン系のピアノでサンバっぽく弾いて、全体をサンバ風のグルーヴに持ち込む方法もあると思う。【譜例8】

【譜例8】

(↑はほぼ同時。↑は合う音がない)

Aの場合、すべての音が合いすぎ。
Bの場合、合う拍と合わない拍が存在する。Bの方が適度に合いながら関係が保てる。

例2 モードの響きを強調する

気になる人が一人とは限らない。たまたま、何人かがハンドベルを鳴らしていた。ランダムに手にとったハンドベルが、まるでオリヴィエ・メシアンの『移調の限られた旋法』のように聞こえた。この人たちの音が気になった。そこで、このモードの響きを強調するように、キーボードでストリングスの音色を選び、メシアン風の和音を響かせた【譜例9】。

【譜例9】 「メシアン風和音」

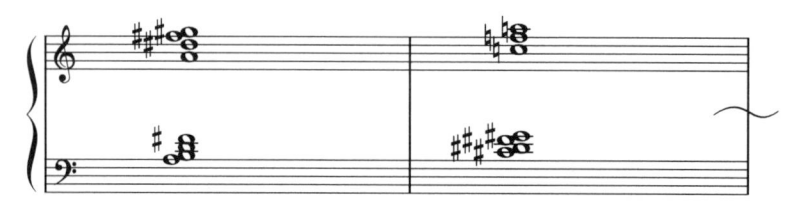

例 3　「気になる人」になってみる

みんなが没頭していて、取り立てて気になる人が見つけられない時、無理に気になる人を探しても変だ。そこで、自分自身が気になる人になってしまう。例えば、ドラムセットでとんでもなく不規則なリズムを叩くとか、みんなが演奏している真ん中で、変なポーズをとったままストップモーションしてみるとか。とにかく、とことんまで変なことをしてみる。すると、しばらくは誰も気がつかないが、そのうち誰かが気になってくる。そしたら、気になってくれた人とのやりとりから演奏を発展させていけばいい。

例 4　「叫び声」を「歌」にする

全員が楽器で没頭していたのだが、感極まって声を出す人が現れた。一緒になってハイテンションに叫ぶのもありだろうが、敢えてこの叫び声が歌のように聞こえるようにピアノで伴奏をすることにした。空間全体の響きを直感で感じ、左手ではベースとして低音域のDを連打し、ペダルを踏みっぱなしの状態で、右手は白鍵のクラスターや白鍵の和音で中音域を連打する。こうすればリズムが持続しながら、空間全体が響き、叫び声が歌のように聞こえ始める。

ステップ 4　気分／ふんいきの増幅

　ステップ3では、デタラメの中で特徴的な振るまいをしている人を見つけ、その人の演奏を強調した。すると、クセナキスだった集団全体に中心となる演奏ができる。つまり、ある雰囲気（気分）を持った演奏の核ができるのだ。サンバ風のビートの反復だったら『楽しい踊りたいような気分』とか、メシアン風のハーモニーの響きだったら『ちょっと神秘的な気分』とか、ストップモーションの場合は『ロボットのごっこ遊びしてるイタズラ気分』とか、ダイアトニックのクラスター連打では『嬉しい気持ちを絶叫しているうちに、抒情的な気分に移行してくる』とか。ただ、表面上の音楽だけを強調しても、この気分が強調されないと本当の意味で強調したことにはならない。音楽が『サンバ』になるかどうか、が重要なのではない。その人の『楽しい踊りたいような気分』を『もっと楽しい気分』にして、他の人まで踊りたくなるような気分を作るのだ。

　だから、あなたが
　　「サンバって、こんな感じだっけ？　自信ないな？」
と手探り状態で音を出していても、あまり、その人の演奏が強調されたとは言えないと思う。
　　「なんか、サンバっぽいな！　サンバってよく知らないけど、適当にこんな感じでやれば、きっとノリが良くなるな。イェー！」
と弾き始めれば、楽譜上はサンバになっていなくっても、心はサンバになる。それは、普通のサンバではない、サンバのメンタリティーを持った『超サンバ』になるわけで、物ま

ね以上の新しいモノなのだ、と開き直る方がいい。
「物まねの失敗＝創作の成功」
と考えてしまえばいい。

　こうして気分（雰囲気）が強調されていく演奏の核が、他の人たちに伝染しないはずがない。一度に集団が変化することはあまりないが、徐々に作用し、少しずつ変化が見られるだろう。

　ここで、また変化の様子を監視の人の目で見ていては、演奏の気分が損なわれる。他人の気分を鑑賞する前に、自分たちがやっている演奏に専念すること。とにかく演奏の気分を増殖させていくのだ。

　では、どうやって全員の様子を観察するか？　演奏に没頭しながら観察するのがいいと思う。例えば、サンバの気分がどんどん増殖していったとする。そうなると、ノリノリでピアノを演奏し、椅子から立ち上がって、中腰で踊りながらピアノを弾くことになる。首も振り振り、すっかりノリノリ。こんな状態で観察なんて、と思うかもしれないが、慣れてくればこの状態で全体のことが観察できるようになる。演奏に専念しながら、ちょっと目だけキョロキョロする。そういった時に、瞬間的に視界に飛び込んできた気になる様子、自然に耳に入ってくる音があったりするのだ。

　その音が気になるというのは、その集団の中で（いい意味でも、悪い意味でも）何か違和感を持つ特徴を秘めているからだ。そこで、ここからのプロセスは、「ステップ３」にD.S.（ダル・セーニョ）。

クセナキス状態の中、特に気持ちよさそうに、上を向いてテナー木琴を弾いているA君が、目に止まりました。

そこで片岡は、ジャンベで、こういうリズムをからめてみました。

（木琴は、実際は1/3くらいの確率でとなりの音板を叩いていた。）

10分くらいくり返していると、全体の音が、複雑さを保ったまま、より雰囲気のある、ジャングルの中にいるような音楽になってきました。

ステップ5 コーダ…強引でない自然な終わり

　こうした集団即興のコーダ（終わり方）は、決して重要じゃない。そこまでの集団のうねりの中で、一人一人の個性が見えかくれし、その個性を認めながら次なるうねりを作り出す。そうしたプロセスを楽しむところ、そうしたプロセスの中で普段なら絶対やらないようなことを、みんながやり始めてしまうところ、音楽の渦とともに普段隠していた一面が露呈してしまうところ、そして、そこと関わっていくところ、が重要な部分だからだ。

　理想的には、自然に終わるのがいい。終わりたくなった人からやめて、最後まで続けたい人はいつまでも続ける。いずれ最後の一人になって終わる。これが、理想の状態。

　野村が「さくら苑」という特別養護老人ホームで行っている共同作曲の活動は、比較的この形に近い。疲れた人から勝手に帰って行き（または、職員さんが部屋まで連れて帰る）、元気のある人はいつまでも残っている。体調にも個人差があるし、その日の気分も個人差があるから、こういう状態は自然だ。例をあげれば、スタジアムに野球を観戦に行って、8回の途中で帰る人もいれば、試合終了と同時に帰る人もいて、試合が終わっても30分以上ドンチャンお祭り騒ぎを続けて「万歳！万歳！」と隣の人と抱き合ってから帰る人もいるように。

　しかし、現実問題として、4時に終わらなければいけない、という状況もあり得る。こうした時に、自然に任せていたのでは、4時には絶対に終われない。では、どうすれば終われるか？　強引さがない終わりは、次の3つ。

1　「もう充分」と満足すること
2　「ああ疲れた、もっとやりたいけど、今日はそろそろ終わろう」と思えるくらい、ハッスルすること
3　静かな音の響きの余韻を楽しむ気分になり、「もうこれ以上楽器の音はいらない」場面になること

この3つの条件を満たすには、終わり方ではなく、終わる前の途中で如何に白熱したか、が重要になってくる。途中の充実さえあれば、自然に終わりたい気分ができてくるものだ。つまり、4時に終わりたいなら、3時45分〜50分ごろに、盛り上がりまくるというのも、一つの方法だ。

　さて、途中で充実して、満足しているのに、楽しくて楽しくて仕方がなく、いつまででも続けていたい、という人もいる。この楽しい時間が終わりそうなことに気づいているのに、終わらないでほしいので、気づかないふりをしている場合もある。特に言葉でのコミュニケーションの難しい人の場合、演奏を続ける行為で、暗に、

　「もっと続けようよ、いいでしょ？」

というメッセージが隠れていることもある。さっきまで、一緒に音楽をしていた人が、時間になった途端に人柄が変わって「終わりだ、やめなさい」と言い出しても、その人には理解できないかもしれない。

　そんな時は、

「そんなに音楽が好きでいてくれるなんて、本当にありがとうね。続けたいけど、終わらないといけないんだ」

という気持ちを言葉に出して伝え、ギュッと抱きしめて、音楽が好きでいてくれて、本当にありがとうという気持ちを伝えてみたい。

> **ミニ対談**
>
> ## 打開策はカンタン！
> ## でも予定調和がいいわけじゃない
>
> **Q**「クセナキス」の状態で、デタラメで、まとまりがなく、対象者も「どうにかしてくれ！」って困ってたり、不安に思っている場合は、何か打開策が必要ですよね？
>
> **野村**：「どうにかしてくれ！」と困っている状態から抜けだせないのなら、打開策を出す方がいいでしょうね。でも、それは比較的簡単だと思うんです。はっきりしたビートとか、土台になる演奏をすれば、自然にまとまってくるので。でも、誰も困っていない状態っていうことの方が圧倒的に多いんですよ。全員が自分の楽器に没頭していて、周りのことなんか関係ないくらい没頭しているの。
>
> **片岡**：ぼくも最初の頃は「クセナキス」状態になったら、まとめにかかっていた。ビートを出して、どんどん速くしていけば、自然に合ってくるし、そして飛び上がったりしてブレイクすれば、一斉に止めることは簡単にできるんだ。しかも、施設の職員さんなんかは「あの人が集中して終われるなんて！」って喜んでくれるんだけど。でも、何かね、予定調和的すぎるんで、最近はあまりやらなくなった。
>
> **野村**：せっかくみんなが没頭しているのに、わざわざまとめて終わるなんて、水を差しているようなものだものね。

「クセナキスになっても大丈夫！」
集団セッションの楽器の組み合わせ

　集団セッションの場合、事前の「楽器選び」は作曲にも値する重要な作業だ。ここでは、敢えて規則のように書いてみたが、もちろん自分なりの楽器の組み合わせを作っていけばいいので、これが正しいというわけではない。でも、参考になる考え方だと思う。

（１）同じ楽器を１０個も２０個もとするのは、「避ける」方が無難

　よく施設などで、マラカスばっかり、スズばっかり、を準備しようとすることがあるが、１０人がマラカスを振っても、一人ひとりの個性は埋もれてしまう。ある誰かが特徴的なリズムを示しても、気がつきにくくなる。

（２）高音や低音の「音の大きい楽器」の数をひかえめに

　金属質でうるさい楽器（シンバル、カウベル、ハンドベルなど）は、あまり入れない。きつい高音の笛や、ソプラノリコーダーは、２本以上は入れない。しかしアルトリコーダーなら、何本もあっても問題なし。
　低い音のするタイコ（大太鼓、フロアトム）は最少限の数にする。

（３）打楽器の場合、皮と木と金属と玩具の「ブレンド」が鍵

例えば、
皮＝コンガ、ボンゴ、ジャンベ
木＝木琴、ウッドブロック、木魚
金属＝鉄琴、ハンドベル、ウインドチャイム
玩具＝おもちゃのタイコ、電気で音がする楽器

などを、ブレンドする。音量の大小を大雑把に示すと、

金属＞木＞皮＞玩具＞電池玩具

といった感じになる。金属打楽器は、あんまり入れ過ぎるとバランスをくずす。

（4）「個性的な音色」の楽器を入れる

　個性的な音色の楽器（ビブラスラップ、スライドホイッスル、フレクサトーン【図】など）を混ぜておくと、より一人ひとりの演奏の個性が明確になりやすい。

【図】フレクサトーン

この黒い鉄板の部分を、指で押さえて張りを変えながら、楽器全体を振ると、「キュルルーーーーン」というグリッサンド音がします。
オバケの効果音によく使われています。

（5）「弦楽器」は、いくらあっても大丈夫

　弦楽器（三味線、ギター、大正琴など）は、いくら入れても大丈夫。少なくても多くても大丈夫。実際、オーケストラなんかでも、弦楽器（ヴァイオリンやコントラバスなんか）はたくさんあるのに、金管（トランペットやトロンボーンとか）や打楽器は少ししかない。

まとめ——相手との「関係性」の変化に対応する

即興演奏している時に、相手と自分の「関係」を自在に変化させられるようになると、より豊かになれる（音楽的にも、コミュニケーションとしても）。次に示す「ソロ、対等、伴奏」という3つの関係を、自在に行ったり来たりできると、即興演奏に幅が出る。

A ソロ（＝目立つ！）

とにかく音を出してみる。
他人の音を聴くより、まず自分の表現を思いっきりする。音が外れようと気にせず、何をしてもよい。（例えば、ロックやジャズのソリストのように）。
「意表をつく」ことができれば、大成功。
注意：長くやりすぎないこと。

B 対等（＝真似をする、真似をしない）

ⓐ 真似をする

相手の演奏が印象的なら、真似をするだけでなく、発展させる。（そのまま繰り返してもよい）。

ⓑ 気分を真似して、同じ雰囲気で演奏する。（絡まり合う合奏）

（例）相手が暴れていたら、自分も暴れたように演奏する。相手が、ポツンポツンとやっていたら、自分もポツンポツンと演奏する。

ⓒ 対称的なアプローチ

（例）相手が断続的に打楽器を叩いている時に、息の長いロングトーンを演奏してみる。

C 伴奏（＝支える、繰り返す）

気に入ったパターンがあったら、それを繰り返す。繰り返しながら、パターンを変形させていく。
気が向いたら、思いきって演奏をストップしてみる。（「やらない！」というやり方）

実用おもしろ楽器事典 ②

ピンポン on ザ・ピアノ

「は〜い 落としま〜す」
「ピンポンのある所を弾くと転がっていい音がするよ」
「ポロロロン」「ポリリーン」

（グランドピアノでしかできない）

① グランドピアノの蓋を開け、弦の上にピンポン球を落とす（ペダルを踏んでも、踏まなくてもよい）
② 弦の上をコロコロ転がる音が面白い
③ 鍵盤をあちこち弾いて、たまたまピンポン球のあるところを弾くと、ピンポン球が転がっていい音がする

ウォーター in ボウル

「傾ける角度によって音がビミョーに変わるの」
「くぁぉぁぉぁぉぉく」
「金属製のボウル」
「ぽわぁぁぁん」

金属製のボウルに水を少し入れて、底をマレットで叩く
叩きながらボウルを傾けると、音程が変わって面白い

フライパン・バドミントン

バドミントンのように、フライパンの上で、ピンポン球をはずませる
最近は100円ショップで、アルミのフライパンが売られている

空き缶に枝

「枝に空き缶をくっつけます」
「スチール缶がいいな」
「なつかしい音だな〜」
「カカッ カッ」「カラカッ」

木の枝の先に空き缶（スチール缶）を差してふるわせる。カカン、カラカラ、カカン、カカラカラ…、と細かく鳴り続ける。繊細なリズムが楽しめる

ハンガー製「お寺の鐘」

「やや太い糸」
「こういうふうに下げます」
「金属製のハンガー」
「クリーニング屋さんでくれます」
「糸のはじを耳におしこんで」
「コッ」
「え〜うそっ お寺の鐘の音〜」
「グワオオーーン」

針金製のハンガーに、糸を図のように2カ所縛る。ハンガーを逆さにぶら下げて、糸を指で両耳に突っ込む。ハンガーをどこかに当てると、自分にだけ「グワォ――ン」という神秘的な音が響いてきて病みつきになる

第4章

セッションのエピソード集

エピソード1 正直な「ぐわーん」

セッションを始めたばかりの頃。片岡はダウン症のAさん（20代男性）とピアノで即興をした。高音部がAさん、低音部が片岡。

Aさんは、断片的なフレーズをいろいろと弾いた。黒鍵も白鍵も均等に混じっている。片岡は「うん、無調だな」と思って、ウェーベルンふうのフレーズを弾いてみた。が、ちょっとピンとこない。Aさんの弾いている音は確かに無調だが、その音色はとても明るかった。現代音楽的な暗い響きはそぐわない。
そこで片岡は無調をやめ、以後いろいろなフレーズを選んでは、試してみた。
＊
◇沖縄ふうオスティナート→　明るくはなったが、もっと落ち着いた感じがいい。
◇Maj7のコードでJポップバラードふう→　落ちついたが、ダサい気がする。
　「今ふう」のはずではあるが…
◇モダンジャズふうウォーキングベース→　少し閉鎖的な感じだ。もっと抜けの
　いいサウンドがほしい……etc.　こうして、いろいろと弾いた。
＊
Aさんは、片岡が悪戦苦闘している間も、ちっともおかまいなしに弾き続けている。楽しそうではあるが、片岡が何を弾こうと関係ない。
さすがにAさんに置いていかれたような気がした。片岡は何としてもAさんにかまってほしいと思った。
片岡は、Aさんの音のちょっとした隙間に低音でポンと弾いてみたり、譜面台のところをカタカタ叩いてみたりした。が、Aさんはまったく無視。

片岡は、「もう、だめだ」という気持ちになって、上半身をピアノの鍵盤に突っ伏した。降参!　グワーンという音。
　すると、となりで「キャーン」という音がした。見るとAさんも真似をして、突っ伏している。二人で笑いながら、身ぶりと音の真似合戦になった。
＊
今思うと、「もうだめだ」と鍵盤上に突っ伏したのが、片岡のいちばん正直な表現だった。その正直な表現が、Aさんに伝わったのだろう。

片岡：ある音にある音が合うっていうのは、手法の問題だけじゃない。
野村：気分の問題が大きいね。
片岡：あと、ニュアンスもね。
野村：とにかく小手先のテクニック、表面的な表現では通用しないから、自分の気持ちに正直に表現するしかないよね。

エピソード 2

CD 68

ある「交信」

これも片岡が音楽療法を始めたばかりの頃。
自閉症児のB君（小学生）と木琴でセッションをした。
＊
B君は、ぼんやりした表情で、木琴を音階順に叩きはじめる。
ン？　片岡はとまどった。
B君は執拗に音階にこだわり続ける。

片岡は、とりあえずそれを観察。
B君の「ポツンポツン」と叩き出される音階に合わせて、トレモロでメロディーのような音を弾いてみる。雰囲気が単調で暗く感じたので、明るくしようと思ったから。
しかし、ピッチ的には合っていても、ムードが合っていない。気持ちが通じていない。
これではいっしょにやっている気がしない。

そこで今度は、木琴をまん中に向かい合う。
B君が叩いた音と同じ音を、裏拍で機械的に叩いていった。
ある種の冷たさを伴ったいい感じの音楽になったので、その状態を延々と続けた。
＊
やがてB君はとまどったのか、音階の演奏を、止めたり、始めたりするようになった。
しかし音楽は多様性が出て、より豊かになった。
片岡はそのまま演奏し続ける。

しばらくしてふとB君を見ると、さっきまでの顔と違って、
きりっとして、集中している顔になっていた。
音楽も、緊張感のある独特のニュアンスをおびてきた。

片岡：「すごく冷たく単調なものに音楽を感じられた私はエライ」って自慢したいエピソードです。

野村：単調な演奏に単調な演奏で応じるのに、その組み合わせで、単調な演奏が複雑さを帯びてくる。そこが出発点になって、どんどん発展していったわけね。

エピソード3 「空間まるごと」の変化

　精神科デイケアでの集団セッション。
　約20名の患者さんに、それぞれ好きな楽器を手に取ってもらった。（マラカス、ギロ、ウッドブロック、ゴング、シンバル、シェーカー、ハンドベルなど。）

　片岡がジャンベを叩き、患者さんはそれに合わせて音を鳴らす。片岡がテンポや音量を変化させると、患者さんも合わせてくる。「リーダーを真似る」ゲームのような趣き。
　　　　　　　　　　　　　　　＊
　その中でひとりCさんだけは、片岡に反応せず、緊張した顔つきでジッと一点を見つめながら、シェーカーを振り続けている。それも、すごく速いテンポで。
　ほかのみんなの音量が小さくなってくると、異様に目立つ。

　このまま続ければ、おそらくほかの患者さんから「Cさん、合わせなさいよ！」と言われるだろう。Cさんはそういうツッコミに弱いタイプだ。

　そこで片岡は、少しずつジャンベのテンポを速めて、こっそりCさんのテンポに近づいていった。Cさん以外のみんなもつられて、片岡のテンポについてきた。

　やがて全員のテンポが、Cさんの振るシェーカーと同じテンポになった。この時点でも、Cさんは周りの様子に気づいていなかった。相変わらず集中して、振り続けている。
　そのまま、一定のテンポ（Cさんのテンポ）で数分間続けた。だんだん全体のノリがピークに近くなってきた。

　「今だ！　今ならCさんは変化についてこられる」。そう感じて、ジャンベのテンポを少しずつ落としていった。

　ほかの患者さんといっしょに、Cさんの音も遅くなった。Cさんは「意識的に合わせている」と「つられている」の、中間くらいにみえた。
　ジャンベだけでなく、ほかのすべての楽器が一斉に鳴っている。その「空間まるごと」の響きが、だんだん遅く変化しているのだ。
　Cさんと片岡の一対一だったら、こうはならないだろう。

　どんどん遅くして、音量を落とし、止まりそうになって、最後は「シーン」。アンサンブルは終了した。
　Cさんは、リラックスした自然な顔つきになっていた。

野村：合ってない人に、「みんなに合わせなさい」って言う人は多いけど、この場合は、合ってない人の方に、みんなが合わせたんだよね。
片岡：だって、みんなの方が余裕があるわけだからねえ。
野村：余裕がある人たちが、余裕のない人の真似をしているうちに、関係が入れ替わっちゃったんですね。

エピソード 4

やるより聴くのが好き

音楽にはあまり関心がなさそうな自閉症のDさん（20代男性）。
ほかの人が太鼓を叩いたり、ピアノで遊び弾きをやっている時も、
Dさんだけは我関せず、勝手にぴょんぴょん跳ねていた。

＊

ある日、片岡がほかの人といっしょにピアノの即興セッションをやっ
ていると、後ろでDさんは独り、クルクルと丸椅子を手で回していた。
「Dさん」と呼びかけて、楽器をすすめてみたが、反応はなかった。
楽器には興味がなさそうだ。

ある時、片岡たちの弾くピアノの音がふいに止まった。
すると、Dさんの回す丸椅子も急に止まった。

再びピアノを弾き始める。
するとDさんも楽しそうに椅子を回し始める。

そうか!!
Dさんは音楽に合わせて椅子を動かすのを楽しんでいたのか。
彼は音楽が大好きだったんだ。ぴょんぴょん跳ねていたのも、
感極まってのダンスだったんだ!!

＊

それ以来Dさんは、片岡にとってセッションの空間に
彩りをそえてくれる貴重な共演者になった。

片岡：やりたくない人にやらせることないよね。

野村：聴くのが好きな人、音楽に合わせて絵を描くのが好きな人、踊るのが好きな人、人それぞれの音楽との関わり方があるものね。

エピソード 5

無駄でなかった無駄話

重度の重複障害者4名とのセッション。
話しかけても、楽器を鳴らしても、反応がない。
片岡の存在自体に興味がない感じ。

＊

シーン。なんとも気まずい。
片岡は、少し寂しく、暗い気持ちになった。

取りつく島がないので、片岡は、3人の介助の職員さんと
日常会話を始めた。

「こないだ、面白いんですよ。スーパーでね…」
「うちの母もそうそう。そういうことに細かいタイプなんで、もう大変…」
「仕方ないですよねー。だって雨の日だったでしょう…」

そのうち会話に夢中になり、話が盛り上がってきて、冗談
をとばして職員さんたちと笑い合った。

＊

ふと気がつくと、障害を持った4人も、この
会話のそばで、みんな笑っていた。

片岡：その人のことだけを考えるより、その場所全体の雰囲気
を考えるのがいいのかもね。
野村：子どもと関わる前に、親と仲良くなるとか。親に演奏し
てもらって、子どもも親と一緒に何かしたがるケースも
あるものね。

エピソード 6

不謹慎だが二日酔い

不謹慎ながら、二日酔い時のセッション。

僕の口数が少なかったせいか、周りが自然とにぎやかになった。

どうも僕は、今までしゃべりすぎていたらしい。

片岡：結構、ショックだったんだよね。
野村：どういうところが？
片岡：人に指示を出したり、その場を支配するタイプではないと思っていたのに、実は、知らず知らずのうちに、そうしていたんだ、ということに気づいたから。

エピソード 7

打楽器同士のハーモニー

CD 69

自閉症のEさん(40代男性)とのセッション。
Eさんは無表情。同じテンポでコンガを連打している。

片岡は迷った末、とりあえずピアノに向かう。
Eさんに合わせたテンポでファンクミュージックのように弾いてみた。
相変わらずEさんは、無表情。作業的にコンガを叩き続けている。
　　　　　　　　　　　＊
コンガのビートに合わせてピアノを弾くと、とてもいい音楽になった。
しかし、これは「できすぎた音楽」と感じた。
Eさんの「伴奏」に片岡が変化をつける。
このままでは2人はいつまでもたっても「平行線」。
2人の音楽的な関係は、これ以上、接近できないだろう。
　　　　　　　　　　　＊
そこで、片岡はピアノをやめ、ドラムセットを始めた。
ドラムセットはメロディー楽器ではないが、メロディー的に叩いてみた。

一方、Eさんは相変わらずコンガ打ちの作業を続けている。
だが時々、片岡のドラムをチラチラと見るようになった。
少し気にしているみたいだ。

10分くらいその状態で繰り返していたら、2人の似た音色が、
よく混じり合ってきた。
目をつぶって聴いたら、どちらがどの楽器を叩いているか、
分からないぐらいだった。
　　　　　　　　　　　＊
Eさんは、微笑みながら音に集中して叩き続けていた。
　　　　　　（Eさんの項、続く）

> **野村**：これは、お互いの役割がはっきりしてしまったので、あえて、お互いの役割が分かりにくいように、同種の楽器で似たことをしてみたわけね。安定していた状態から、少し不安定な状態になったことで、お互いに意識し合わないと、協力し合わないと、気持ちいいリズムじゃなくなるわけでしょ?
>
> **片岡**：その結果、お互いにさぐり合っているうちに、前よりもいいグルーヴ感が生まれたわけです。

エピソード8 CD70 天の配剤「狂ったギター」

これも前項のEさんのエピソード。
　毎回、Eさんの顔が「イイ顔」になってくるのは、開始して10分くらいたった頃。リズムを続けているうちにノッてくる。
　しかし片岡は、その展開にそろそろ飽きてきた。なんとかして、Eさんにリズム以外の役割をやってもらえないだろうか、と考えた。
　そんなある日。
　　　　　　　　　＊
　セッションルームに「おんぼろギター」がころがっていた。新展開のチャンスだ！
　Eさんに勧めてみよう。

　Eさんは渡されたおんぼろギターを、割と気安く、開放弦でジャラーン、ジャラーンと鳴らした。
　慣れていないので、一定のテンポで鳴らしているつもりが、どうしてもリズムが不規則になってしまう。
　たくさんの弦が同時に鳴ったかと思うと、1音だけが「ポロン」とこぼれたり…。そのつど、意外な響きが生まれる。

　ギターは図らずもチューニングが狂っていた。開放弦全体の響きが「B♭7」のコードに近い音で鳴ってくれる。これはいいぞ！
　　　　　　　　　＊
　さっそくピアノの低音で「B♭」のコードを、ロック調のベース・パターンで弾いた。
　Eさんのリズムのぎこちなさを活かすために、あえてカッチリとしたテンポで機械的にベースをきざんだ。

　アシスタントも参加して、ボンゴで、その音楽にぴったりのリズムを叩いた。
　すると、カントリーロックのような、ビートルズ風の音楽になっていった。
　　　　　　　　　＊
　いつもは「ニヤリ」とするまで10分かかるEさんだが、この時ばかりは、ギターを弾き始めると即座に「ニヤリ」となった。
　よっぽど気に入ったのだろう。

> 片岡：たまたま、そこに転がっていたものから自然に展開できるといいです。
> 野村：しかも、それを気に入っちゃったんですね。それって、顔の表情で判断するわけ？
> 片岡：この人の場合は、表情が判断の一つの基準になりますね。人によって、嬉しい時だけ声を出す人とか、いろいろあります。

エピソード9 雨の計らい

　痴呆病棟の入院患者さん約30人。その一人ひとりに小物の打楽器（マラカス、こきりこ、ギロ、鳴子、など）を、片岡が順番に配り始めている。

　たいていの人が、楽器を渡されるとすぐ、音を出し、鳴らし続ける。つまり拍のない「クセナキス」状態になる。配られた人の数につれて、だんだん音がふくらんでいく。

*

　ようやく楽器を配り終えた。
　その頃になると、いつの間にか一定のテンポで（♩＝90くらい）、そろった響きになっている。その理由はたぶん、音の大きい人にみんながつられたから、と、平均的なテンポに自然に落ち着いていったから、その両方だろう。

　片岡は、患者さんたちのテンポに合わせ、張り切ってジャンベを叩き始めた。ラテン的なシンコペーションの多いリズムだ。
　ところが、外は折しも梅雨。連日の湿気でジャンベの皮が緩んでしまい、ラテン的な乾いたパンチが出ない、う〜ん！

　相変わらず患者さんたちは、同じテンポで楽器を鳴らし続けている。ほとんど意識的ではない音。ゆるい感じ。

*

　しばらく続けながら全体の音に耳を澄ましてみた。すると、自分の音だけがヤケに明瞭に乾いた音で浮いているではないか。意識的に叩きすぎたんだ。
　そこでシンコペーションをやめて、単純な拍を叩くようにした。

　と、たちまち全体の音が融け合う感じになってきた。皮の緩んだジャンベが、ずいぶん「その楽器らしい音」になってきたのだ。

　しばらく味わい続けてから、だんだん音を小さくしていくと、みんなの音も小さくなった。初めて、外の雨の音が聞こえてきた。

*

　だんだんひっそりとなり、みんなが音を出すのを終えた。
　ただ一人、周りに気づかずにまだマラカスを鳴らしている患者さんがいた。
　そのかすかで微妙な「しゃら、しゃら」は、雨音とよく溶け合って、美しかった。

野村：その時の状況に合わせて、自然に、ってのが大切ですよね。ぽかぽか陽気の気分と雨の気分じゃ、全然違うし。楽器も、気候によって音の鳴りが違うわけだから、無理にコントロールしようとし過ぎても、ダメですね。

片岡：終わりも柔軟に自然にやれるといいんです。みんなが同時に終わるのでなく、余韻を楽しみながら自然に終わる時って、気持ちが持続している感じがあるんですよ。

エピソード 10

散った「さくら」

事故による中途障害のFさん（20代女性）は、
知的なレベルも高く、集団即興にはなじめなかった。そんなある日…。
＊
約30人に、タンバリンやシェーカーなどを配り終えて、
さあ、集団即興を始めようという時だった。
「お箏をやってみたい」とFさんが申し出た。
箏は、片岡が施設にお願いして買ってもらったばかりの新品だ。
まだみんなにもお披露目していない。ちょうどいい。
「どうぞ、どうぞ」。片岡は箏をすすめた。

すでにほかのみんなは音を鳴らし始めていたが、
Fさんが箏の前に座ると、静かになった。期待して見守る感じ。
＊
Fさんは手探りで、つっかえつっかえしながら「さくらさくら」を弾き始めた。
爪を使わず、指で絃を直接はじいているので、音はかなり小さい。
けど、なかなか、雰囲気がある。
Fさんの演奏を、固唾を飲んでジッと見守る人、いま音を出していいものかと迷いながらシェーカーをちょっと振ってみる人、合いの手を入れてみようとする人…。いろんな反応が入り混じり、緊張感のあるムードの中で独特な響きが生まれた。
その中で、箏のたどたどしさが初々しく、色っぽい。

ところが、すぐ施設の職員さんが、こう言った。
「Fさん、即興なんだから『さくらさくら』じゃなくていいの、
自由にやってくださいね」。
＊
Fさんはシュンとして、演奏をやめてしまった。
残念だった、あの雰囲気のまま続けていたら、
どんな美しい世界が待っていただろう…。

片岡：自由でなければならない、ってのも違うな、と思って。「さくら」だって、いいじゃないか。

野村：演奏している音のニュアンスがどうか、ってことに、もっと意識を向ければ避けられたのかもね。そもそも「自由にやる」という中に、「さくら」を演奏することも当然含まれてくるわけだから。

エピソード11　「ソリスト」の誕生

CD 71

自閉症のGさん（20代男性）がボンゴをパンパンパン…と叩き始めた。
単純な8分音符の連打。が、テンポが一定しない。
片岡は、Gさんの揺れるテンポにぴったり合わせて、
いっしょにテンポを変化させながらジャンベを叩いた。

*

が、片岡は、自分が勝手にGさんに合わせているだけのような気がした。
音は確かにぴったり合っているのに、
コミュニケーションをしている実感がない。

よく見ると、Gさんの演奏テンポは、バチを持った手先では変化している
ものの、気持ちの上では一定のようだった。なぜかというと、Gさんが
体を揺する動きには、テンポの変化が見られなかったから。

片岡は、ジャンベを叩くテンポを、Gさんの手先ではなく、
体に合わせて一定にしてみた。

すると、Gさんの叩き出すボンゴのリズムが、「アフリカンドラムのソリスト」
のように複雑でカッコいいリズムに聞こえてきた。
Gさんはずっと同じように叩いていたのだが、ジャンベの均等なテンポが
加わったことで、リズムの綾模様が生まれ、相対的に、複雑な
シンコペーションや3連符が浮かび上がったからだ。

*

さあ、がぜん楽しくなった！
片岡は、その（ずらした）状態のままテンポを変化させたりもしてみた。
Gさんは、とても楽しそう。
演奏の強弱にもいろいろなニュアンスが出てきた。ますます
「ソリスト」っぽくなった。

> 野村：これは、単調に叩いているように見える演奏の中に、複雑なものを見出したんじゃないの？
> 片岡：複雑に聞こえましたよ、最初から。
> 野村：でも、大抵の人は、それを複雑なリズムとはとらえずに、ただ単純なビートが叩けていない人、ととらえて、何とか正しく叩けるように誘導するでしょ。でも、せっかく複雑なことができている人を単純なことにしてしまうのは、もったいないよね。

エピソード 12
「ふわぁ〜」に身を委ねる

　ロンドンで知的障害者のグループとセッションをした。途中、演奏が盛り上がり、激しいリズムが一定時間続いた。

　盛り上がりがピークを迎えた時、少し静かな雰囲気を楽しみたくなってきた。
　だんだん、リズムを抑え、テンポを落とし、音も少なくなって、渋い「カラカラ」とか、「しゅ〜〜〜〜」という響きだけになっていった。
　うん、面白い。
＊
　ところが、施設職員の人だけが、その場の空気を読み取れず、太鼓で無理に盛り上げ続けた。
　ドンドコ、ドンドコ叩き続けている。場の空気をだいなしにする無粋なリズム。誰も同調する気になれなかった。

　その職員は、約束の時間まで叩き続けて、時間が来たので演奏を止めた。やれやれ…。
＊
　すると、残りの人たちの「しゅ〜〜〜」、「ころころ」という響きが、「ふわぁ〜」と浮き上がって、雰囲気がガラリと変わった。新たな曲調が展開し始めた。

　この職員は、支える必要のない時でも、一生懸命に一人でリズムを支えようとしていた。
　一度、演奏の手を止めて、「ふわぁ〜」の雰囲気に身を委ねることができれば、この集団即興はもっと豊かなものになっただろう。

野村：この人はリズムでまとめてると思っているから、リズムがなくなるのが不安なんだよね。
片岡：こういう人は、すごく多い気がするな。何とかならないですかね。
野村：「やらないというやり方」（p.94）を読んでほしいですね。

エピソード 13
リズムに出合った子どもたち

　聾学校（小学5〜6年生）でのセッション。片岡は、耳の不自由な子どもたちがリズムを楽しめるようにと、バンブーダンスを思いついた。
　バンブーダンスとは、床の上で長い2本の竹の両端を持ち、それをカチカチ打ち合わせ、開いたり、閉じたりさせる。その上でステップを踏むダンスである。
＊
　音楽の授業で、実際におこなったら、子どもたちは竹と竹の間が開いた時に、おそるおそる足をサッと入れたり、サッと出す動きをした。ぎごちなさがあるが、ゲーム的に楽しいので、キャーキャーやっている。

　片岡もしばらく真似していっしょにやってみた。竹の動きと足の動きを連動させる。それはいいのだが、リズムがほしい。均等なテンポ感でステップを踏まないと、ただのゲームでは飽きるし、ダレるだろう。

　そこで、大きなジャンベを床に置いて、竹が打ち合わされる音（＝竹の動き）に合わせてリズムを叩いてみた。
　ジャンベの低音が床や空気を振動させ、耳の不自由な子どもたちにも届くだろうと考えたから。
＊
　竹とジャンベの、一種、原始的で野性的なムードのリズムが鳴り出す。
　しばらく続けていたら、子どもたちのステップがとてもスムーズになってきた。

　最終的には、ジャンベもみんなで交代で叩こうということになった。
　「ステップ」と「振動」のアンサンブルだ。

野村：聾学校で教えていて、感じたことって何？
片岡：他のところでやるセッションと、特に違いを感じなかったな。こういう遊びで最初ギコチないのも、普通学級でも同じだからね。でも、この時は、耳が不自由だからかな、と思ってたんだけど、本当のところは分かりません。
野村：聾学校の先生で、子どもは音楽が苦手だと決めつけてかかっている人に会ったことがあるけど、それは全くの思い込みなんですよね。「できる」と思い込んだ途端に、子どもが簡単そうに始めたり、「できないかな」と思った途端に、子どもが難しそうな顔をしたりするから、こちらが「できる」と信じるところから始めなければいけないと思う。

エピソード 14

「対象者に合わせる」とは？

初めてお年寄りたちの歌を伴奏した時。

前奏が終わって、歌が始まった。
伴奏に対して、後ろ向きに引きずるような重たいリズムでみんな歌っている。
＊
「音楽療法では、対象者に合わせることが大事です」。日頃、こう言われていたので、みんなのリズムに合わせて、同じように重い感じで伴奏してみた。
すると歌は、その伴奏より、さらに遅いテンポになってついてくる。

う〜ん、これでは、相殺効果だ。
ますます遅く、重くなって、互いに疲れるリズムになってしまう。
＊
そこで、歌の雰囲気を保ったまま、伴奏のリズムを安定させ、
できるだけ軽めに弾くようにしてみた。
すると、全体的に声に張りが出てきて、雰囲気も熱を帯びてきた。

バイオリンの伴奏や、バンドのキーボードをやる時と
同じやり方がうまくいった。

野村：片岡さんって、生真面目なんですね(笑)、「対象者に合わせる」って…。
片岡：だって、そう言われたから、そうなのかな、って思ったんだよ。
野村：そんなの伴奏は、歌う人がノリやすいようにするのがいいに決まってるじゃないですか。音楽療法って、そんな非常識なものじゃないと思いますよ。それで、その後は、対象者に合わせようって意識しなくなったの？
片岡：そうですね。特に意識せず、その人と自然に音楽をしています。
野村：そういうことが、たぶん「対象者に（自然に）合わせている」ってことなんでしょうね。それと、片岡さんが無理に合わせ過ぎないと、対象者の方が（自然に）合わせてきてくれたりするし、また、合わせようとしなくても自然にしていれば、結局よく合うんですよ。

エピソード 15
トレモロ・クラスター

「体力がない」、「手が震える」。
　一見マイナスにイメージされることが、プラスに作用した。特別養護老人ホーム「さくら苑」を初めて訪れた時のことだ。
*
　7～8人のお年寄りの人たちと即興演奏を始めた。即興演奏と言っても、集まった人たちがめいめいデタラメにリズムを叩いている、といった趣きなのだが、不思議と心地よいサウンドになった。これは、お年寄りたちの体力のなさが幸いしていると思う。

　お年寄りには力がないから、極端に大きい音が鳴らず、デタラメにやってもうるさくない。しかも、極端に速いテンポも叩けないため、デタラメにやっても適度に休符や間が生じ、すべての音が聴こえやすい。
　5歳児10人に楽器を渡してデタラメにやらせたら、もっとカオスで、やかましい音になるだろうけど、お年寄りはデタラメやっても、渋いサウンドができる。これは、可能性がある。

　元気に賑やかにやる気分ではないので、野村は太鼓を叩く手を止め、隣のお年寄りの真似をしてハンドベルを振ってみた。カーン、コロローンといい音がした。しばらくすると、その様子に気づいた別のお年寄りが、タンバリンを置いて、やはりスズに持ち替えてシャラシャラやった。

　驚くことに、それまで一番ぶっきらぼうにフロアタムを叩いていたお年寄りがバチを置いて、ハンドベルの置いてあるテーブルまで車椅子を近づけ、手をぐいと伸ばしてハンドベルに持ち替えた。そうやっているうちに、気がついたら全員が、ハンドベルかスズを振っていた（注1）。つまり、全員がトレモロを演奏しているわけだ。
*
　よく考えると、障害があって手が震えるお年寄りにとって、トレモロほど簡単にできて気持ちのいい演奏法はない。ハンドベルを持っている手が勝手に震えてしまい、自然にトレモロになるのだ（注2）。
　この老人アンサンブルの即興演奏が最初にたどり着いたのが、「トレモロのトーンクラスター」（注3）だったのは、必然とも言える。あまりにも美しい響きが交差する様子に、野村は感激した。お年寄りたちも野村も、一緒に響きを楽しんだ。リズムもメロディーもない、ただ抽象的な響きを楽しむ音楽だ。
　「いいねえ、このリズム」
　と、お年寄りから言葉が出た。この響きを体験できて、満足そうだ。そして、出会って1時間半ほどたっていた今頃になって、お年寄り一人一人の名前を教わった。
　ぼくらは、一緒に作曲をする仲間になった。

エピソード16 忘れたおかげ

「忘れる」から、「作詞・作曲」ができる。

　お年寄りは、若者に比べると記憶力が悪い、と言われる。確かに共同作曲をしていても、自分たちの作った歌詞をよく忘れる。ところが、忘れてしまうから、思い出そうとして間違える。そして、それが新しい歌詞になったりする。

　「わいわい言ってる共和国」と歌うつもりが、「わいわい言ってるさくら苑」と言い間違える。
　「それもいいですねえ」とお年寄りたちと相談すると、
　「じゃあ、1番は共和国にして、2番はさくら苑にしよう」というように発展していく。

　「わいわい音頭」と言おうとして、間違えて「台所音頭」と口をすべらせたのはOさん。それがきっかけになって、長大な「台所音頭」を作ることになった。

片岡：「忘れる」ということは、「決めちゃわない」ということでしょ、その結果、ゆるやかな自由度のある曲になりますよね。

野村：半分決まっているけど半分決まっていない曲になりますね。

片岡：そういう曲って、内容がていねいに練られていきやすいと思うんだ。あまりよくないと、いつの間にか忘れられていったり、違う形に変わったり……。自然淘汰されていく。そういうことって、バンドではよくあるけどね。楽譜が読めない人とやるときなんかは、自然にそうやって音楽を練り上げているもの。

注1　だんだんハンドベルに変わっていくところが面白いと思う。放っておくと、調和に向かうものなんだなあ。ぼくの経験でも、それぞれ自分から選んだ楽器を鳴らしていると、よくハモるものだ。（片岡）

注2　手が震える人はトレモロ奏者としては達人で、手が震えない人は、一発バシンと決めるのが得意だったりする。だから、それは障害がある・なしとか言うより、音楽をやる上での個性と考えられると思う。（片岡）

注3　トーンクラスター　日本語に訳すと「音のカタマリ」。ドミソのような和音ではなくって、ドからシまでのありとあらゆる音を全部同時に鳴らす和音。すごい響きになったり、いろんな響きが混じりあったり、もはや個々の音程が分からなかったりする。20世紀に入って、カウエルがピアノの鍵盤でトーンクラスターを多用した曲を作曲したのが先駆けで、20世紀半ば以降は作曲の手法として常套手段になっていった。

エピソード17 鐘が鳴る

「カラン、カラン、カラン!!」
天井からぶら下がっているチャイムバーが大きな音で鳴っている。そして、歩けないはずのNさんがそこに立ち尽くしている。
車椅子は、はるか数メートル後方に置いたままだ。同じ「さくら苑」での話。

歩けないはずのNさんが、なんとかしてチャイムバーの音を鳴らしたいと思って車椅子で近づいて来た。そして、これ以上車椅子で近づけないので降りて、ピアノや机をつたいながら、強引に無理矢理歩いてチャイムバーの下までやって来たのだ。

その鐘の音に、拍手喝采を浴びたNさんは、その後、「わいわい音頭」では、必ず一度は、この鐘を鳴らす機会をうかがっている。
車椅子から立ち上がるのも容易ではない。
立ち上がるというよりも、中腰までが精一杯なのだが、そこから手を一生懸命に伸ばして、何度も何度もカラ振りして、そしてついに、鐘が鳴る。
このパフォーマンス自体が、一本の映画を見ているように劇的だ。

片岡：これはねえ、やっぱり鳴らしたいから立つんだよね。まあ、野村さんはリハビリのつもりでやっているわけじゃないけど、いろんなことをやりたくなる空間を作っているから、こうなるんだよね。
野村：他人にいろんなことをやりたくさせようと、ぼくはしてるかなあ？
片岡：そういう音空間が、好みとして美意識として好きなんだよ、野村さんは。
野村：そうだね。
片岡：だって、人をじっとさせようとする音楽家も一方ではいるわけじゃない。
野村：確かに、ぼくの音楽は聴くと何かやりたくなるタイプの音楽だね。
片岡：何か消していくというよりは、増えていくような感じ。あと、この「一生懸命に手を伸ばして鐘を鳴らす」という行為が、ただ鳴らすよりもいい音が出る要因になってると思うよ。こういう演奏をぼくもやってみたいと思う。
野村：この必死にやるから出せる緊張感のある音は、ぼくにも経験があって、以前、即興のライブの途中で、ピアノを弾きながら、トーキングドラムを股の間にはさんで叩きながら、鍵盤ハーモニカを吹くという3つの楽器を同時に一人で演奏をしたことがあった。なかなか音を出すのが大変だから、リズムをキープするのも難しく、必死になる分、すごい緊張感のある演奏ができた。
片岡：これ有賀誠門先生（片岡の師匠）のマリンバのレッスン思い出すなあ。片手で「チゴイネルワイゼン」の速いフレーズとか弾け、って言うんだよ。必死になって弾いたおかげで、一音一音をはっきり演奏するニュアンスをつかめた。
野村：歌でも似たようなことが言えるね。出るか出ないかくらいの高い音域で歌うと、必死に出す声が切実さを持って伝わったりするものね。

あ〜
どうした
こんやの
おかずは〜
①
シャラ〜ン
シャラ〜ン
ドドンガ
ドッ!
②
③
④
らっせ〜
らっせ〜っ
シャラ
シャラ
ドン
ドン
イエーイ
の
⑤
⑥
ガラン
ガラン
ガラン
⑦
おお〜っ
やるね〜
イエイ
の
⑧

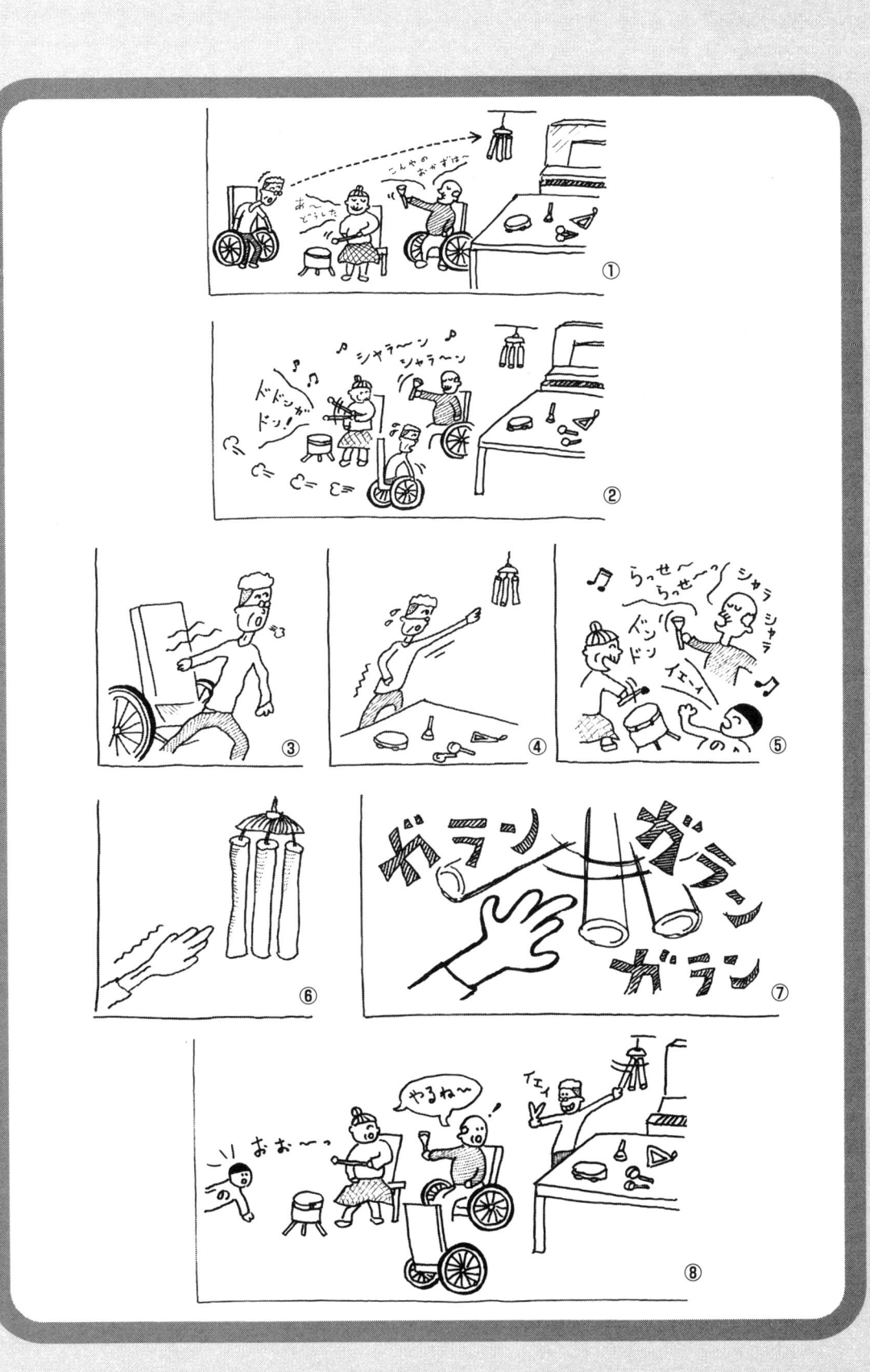

実用おもしろ楽器事典 ③

ペットボトルの「ブー」

- 切りこみを2ヵ所入れます
- ひとつは起こして
- ひとつは押しこむ
- 吹くと…ビー
- 吸うと…ブー
- 息を吸ったり吐いたり

① ペットボトルの側面の平らなところに、カッターで1cm×4cmの切り込みを、図のようにいれる
② 切り取られた部分が、若干浮き上がるようにする
③ ペットボトルの口を吹くと、ブーと音がする
④ 同じような切り込みを、もう一つ作り、若干内側に入れる
⑤ 吸っても音がなるようになる
　（ペットボトルは、小さめの方が少ない息でブーと鳴る）

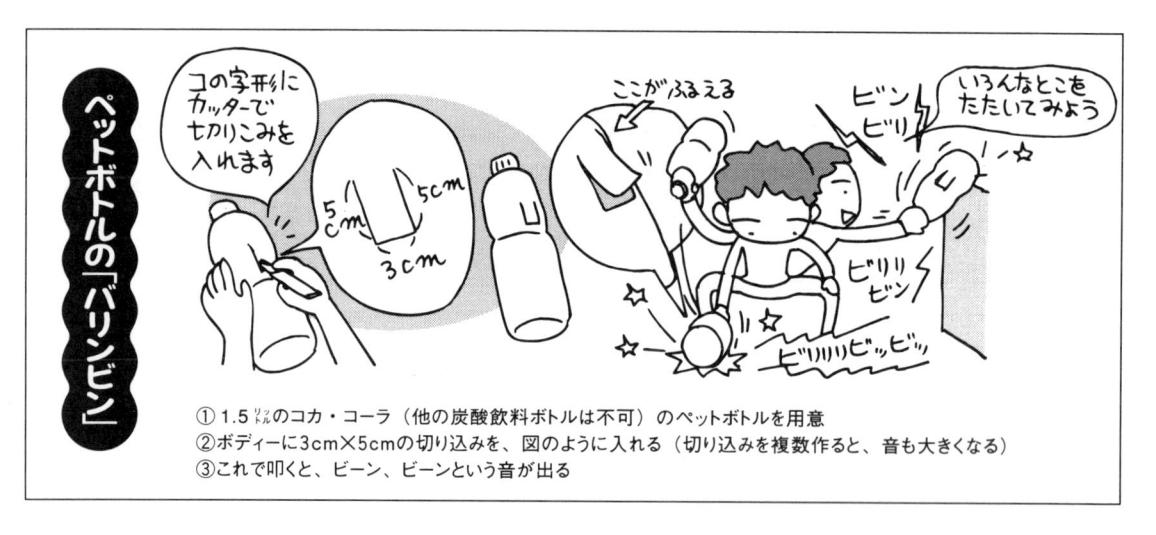

ペットボトルの「バリンビン」

- コの字形にカッターで切りこみを入れます（5cm×5cm×3cm）
- ここがふるえる
- いろんなとこをたたいてみよう

① 1.5リットルのコカ・コーラ（他の炭酸飲料ボトルは不可）のペットボトルを用意
② ボディーに3cm×5cmの切り込みを、図のように入れる（切り込みを複数作ると、音も大きくなる）
③ これで叩くと、ビーン、ビーンという音が出る

雨どいのトロンボーン

- 二本の雨どいを用意して…
- 組み合わせる
- 少し太め
- イェ～イ
- ノリノリだー
- この筒を上げ下げしながら音程を調整
- 筒の上をスリッパなんかでたたいてもいい音が…

うすい塩ビの雨どいは、側面を叩くと、ボーンといい低音が出る。
直径の微妙に違う雨どいを組み合わせてトロンボーン風に長さをスライドさせれば、曲も演奏できる

鍵盤ハーモニカの声出し奏法

「あ〜って声を出しながら吹くんだよ」
「ハーモニカさんが声出してる」

鍵盤ハーモニカを「あ〜」と歌いながら吹くと、声と鍵盤ハーモニカの音程が違うので、「わんわん」と唸る音がする
声の音程を変えると「うなり」が変化する

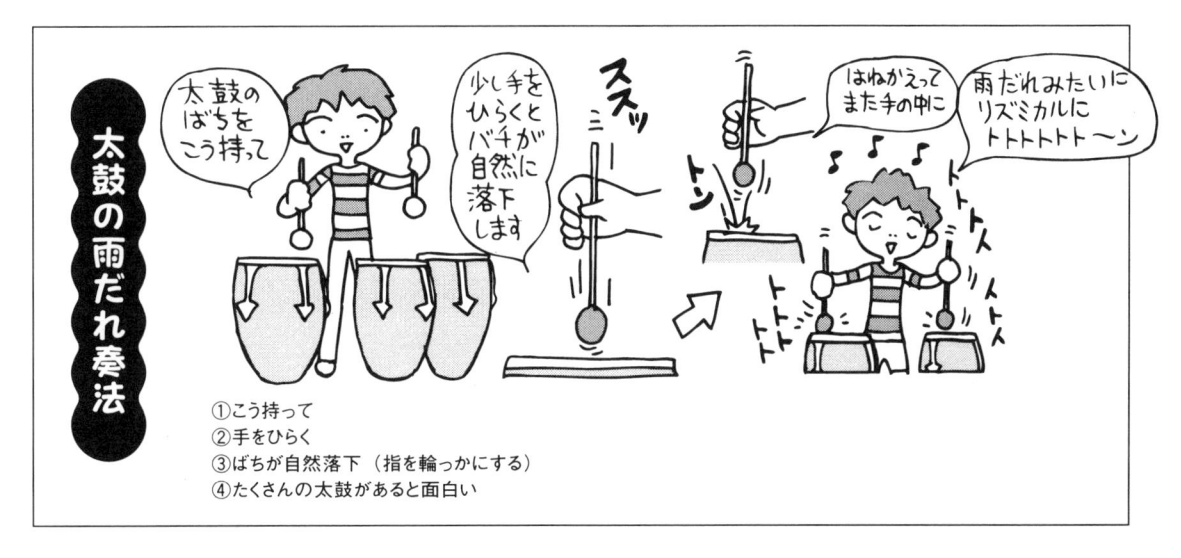

鍵盤ハーモニカの浅押さえ奏法

「ぜんぶ押さえないんだよ」「10%くらい」
「ふにょおおお」「め〜い音が下がった!!」

鍵盤を100%完全に押さえずに、10%くらいの浅さで止めて、強く吹く。音程がプゥ〜と下がる

太鼓の雨だれ奏法

「太鼓のばちをこう持って」
「少し手をひらくとバチが自然に落下します」
「はねかえってまた手の中に」
「雨だれみたいにリズミカルにトトトトトトーン」

① こう持って
② 手をひらく
③ ばちが自然落下（指を輪っかにする）
④ たくさんの太鼓があると面白い

お箏の割りばし奏法

「お琴をまず好きな音階にチューニングする」「この辺かな」
「割バシを両手で軽くもって」「たたく」
「中国の揚琴（ヤンチン）や アラブの『カーヌーン』みたい」
「トレモロもできるよ」

① 好きな音階に調弦する。例えば中国風音階〔F♯、G♯、A♯、C♯、D♯〕や、インド風ミクソリディア〔C、D、E、F、G、A、B♭〕など
② 両手に割り箸をもつ。指で軽くつまむ
③ 弦の上で割り箸をはずませて、トレモロしたりグリッサンドしたり

CD収録曲 (track No.) リスト

第1章　なんちゃって音楽より

初級編「なんちゃって民族音楽」より

1　なんちゃってアフリカ音楽
2　なんちゃってアラビア
3　なんちゃってインド音楽
4　なんちゃって沖縄
5　なんちゃって中国音楽
6　なんちゃってフラメンコ
7　なんちゃって和風

中級編「なんちゃって大衆音楽」より

8　なんちゃってアニメソング
9　なんちゃってアメリカンバラード
10　なんちゃって癒し系
11　なんちゃって環境音楽
12　なんちゃってカントリーロック
13　なんちゃってサスペンス
14　なんちゃってジャズ
15　なんちゃってダンスミュージック
16　なんちゃってヒットソング
17　なんちゃってボサノバ
18　なんちゃって80年代ユーロビート
19　なんちゃて四畳半フォーク
20　なんちゃってレゲエ

上級編「なんちゃって巨匠」より

21　なんちゃってユーミン
22　なんちゃってチック・コリア
23　なんちゃってショパン
24　なんちゃってドビュッシー
25　なんちゃって坂本龍一
26　なんちゃってフォーレ
27　なんちゃって久石譲
28　なんちゃってジミ・ヘンドリックス
29　なんちゃってモーツアルト
30　なんちゃってラヴェル
31　なんちゃってスティーブ・ライヒ
32　なんちゃってウェーベルン
33　なんちゃってバルトーク
34　なんちゃってフィリップ・グラス
35　なんちゃってルー・ハリソン

第2章　即興演奏のためのアイデア集より

「リズムいろいろ」より

36　「困った時に便利」
37　「左手黒鍵、右手はド」
38　ピアノでドラム（6種）
39　パーカッションの簡単リズム（3種）
40　ピアノのお薦めビート集（7種）
41　「このリズムでデタラメ即興すると？」
42　モールス信号「特等席」
43　モールス信号「英語ＡＢＣ」
44　モールス信号「さあ行こう行こう」
45　モールス信号「見せよう見よう」
46　モールス信号「ああ言うとこう言う」
47　さわやかオスティナート
48　土俗的オスティナート
　　（野村誠作曲「How Many Spinatch Amen!」より）
49　オスティナート「ＡＢ」（野村誠作曲）より
50　オスティナート「2コード」
51　オスティナート「テンポを変えて」
52　オスティナート「ワークショップより」
53　オスティナート「3和音の平行移動」
54　オスティナート「テヌートとスタッカート」
55　お年寄りの気に入ったオスティナート
56　オスティナート「アホまつり」
57　オスティナート「ダンスミュージック3種」
58　オスティナート「ラテンのノリ2種」
59　オスティナート「出たっ！」「ギャング」

「ハーモニーいろいろ」より

60　平行移動「3→4→5度」
61　平行移動「変イ長調3和音」
62　平行移動「4度で激しい3拍子」

第3章　即興セッションのためのヒント集より

「個人セッション」より

63　真似をする「うーん、トトン」実演解説
64　見立てる「叫び声をロックボーカルに見立てた例」（ライブ録音）
65　絡まり合う合奏）「ピアノと鉄琴」実演解説
66　絡まり合う合奏「ボンゴとコンガ」実演解説

「集団セッション」より

67　クセナキス状態からダンスミュージックへ（ライブ録音）

第4章　エピソード集より

68　エピソード2「ある交信」実演解説
69　エピソード7「打楽器同士のハーモニー」実演解説
70　エピソード8「狂ったギター」（ライブ録音）
71　エピソード11「ソリストの誕生」実演解説

*　　　　　*

施設でのセッション

72　トーキングドラムの2重奏「真似をしたり、絡み合ったり」
　　（ライブ録音）
73　「ピアノを弾いたり、ピアノのボディを叩いたり、手拍子したり」（ライブ録音）
74　「クセナキスから民族音楽ふうのビートが浮かび上がってくる」（ライブ録音）
75　たいこの雨だれ奏法のセッション（ライブ録音）
76　ノッてくるといい声を出す人＋ピアノ（ライブ録音）
77　お年寄りとダンスミュージック（ライブ録音）

ボーナストラック

78　「参の町交響楽」（ライブ録音）
79　野村誠作曲「自閉症者の即興音楽」

●演奏者
片岡祐介（ピアノ、声、パーカッション）＋野村誠（ピアノ、声、パーカッション）
西美濃の里のみなさん（64、67、70、72～76）
飛騨寿楽苑のみなさん（77、78）
阪中美幸（ヴァイオリン、79のみ）
福前裕子（クラリネット、79のみ）
多井智紀（チェロ、79のみ）
永澤学（打楽器、79のみ）
植田浩徳（ピアノ、79のみ）

●マスタリング　小島幸雄
　製作　高速録音株式会社

CD収録曲の補足説明

64 絶叫ドラム（2002年8月現場での録音より）

絶叫する声がロックのボーカルのように聞こえたので、それを強調するようにドラムを派手に叩いてみたら、すごく楽しそうに歌い叫んでくれた。

67 クセナキス状態からダンスミュージックへ（2002年6月現場での録音より）

クセナキス状態で、誰かがキーボードのリズムボックスのスイッチを入れた。それをきっかけに、片岡が「なんちゃってダンスミュージック」をピアノで弾き、全員のノリがダンス的に移っていった。

70 ハト時計（ライブ録音）　（2002年7月現場での録音より）

チューニングの狂ったギターからハト時計のような音がした。それがB♭のコードに似ていたので、ロック調の伴奏をした。

72 トーキングドラムの2重奏「真似をしたり、絡み合ったり」（2001年7月現場での録音より）

お互いに真似をし合っているうちに、どんどん絡まり合っていき、演奏が高揚していく。時々、面白い動作で同時にストップするのが、驚くべきほど呼吸が合っている。

73 「ピアノを弾いたり、ピアノのボディを叩いたり、手拍子したり」（2002年5月現場での録音より）

カタコト、バタバタとピアノを叩いたり、手拍子をしたりするのがメイン。時々ピアノのパッセージを挿入している。ピアノの鍵盤を弾いては、ピアノのボディーをカタカタ叩いてみたり、手拍子をしてみたりする。また、鍵盤をちょっと弾いては、ボディーを叩き、手拍子。この演奏の仕方が「意表をついた」のか、手拍子やピアノを叩いて、真似をし合う遊びへと展開していった。

74 「クセナキスから民族音楽ふうのビートが浮かび上がってくる」（2002年7月現場での録音より）

執拗なシンバルのロールの中で、インドネシアの竹琴やマルチトーン等のバラバラな音が、埋もれたり現れたりしている。音色の組み合わせの妙。雰囲気に誘われて、箱型木琴がアフリカふうのオスティナートを刻み出した。

75 たいこの雨だれ奏法のセッション（2001年12月現場での録音より）

ボンゴの皮の上でバチを弾ませる「雨だれ奏法」（本書の「実用おもしろ楽器事典」参照）の、誕生の瞬間。二人で互いに畳みかけるように真似をし合っている。自然なバウンドするリズムが絡み合うことで、面白さ倍増。歩いて動くマラカスの音もよく合う。

76 ノってくるといい声を出す人、とピアノ（2002年6月現場での録音より）

カーテンを閉めて部屋を暗くしたら、小さな物音がよく聞こえてきたので、ピアノの弱音の響きで、ゆったりと繊細に空間を満たした。しばらく続けていたら、普段、やるよりも聴くことの方が好きな人が、ここぞというところで素敵なボイスパフォーマンスを始めた。うっとりするような幸福な時間。

77 お年寄りとダンスミュージック（2002年11月現場での録音より）

片岡が右手で鍵盤ハーモニカを演奏、左手でキーボード（ベースライン）を演奏。それに合わせて、お年寄りたちがノリノリで打楽器類を演奏しまくっている。白熱した演奏。

ボーナストラック

78 「参の町交響楽」（2003年3月現場での収録より）
片岡が飛騨寿楽苑のお年寄りの皆さんとおこなった、1時間ほどの集団即興セッションを撮影し、流れを時間軸通りに編集した記録映像作品（映像野村幸弘）からの音声。現在と過去が同時に立ち現れたような、遠近感のある多層的な響きと展開が収録されている。

79 野村誠作曲「自閉症者の即興音楽」（2004年3月5日西宮市甲東ホールで行われた「室内楽の現在」でのライブ録音）
2002年にアサヒビール株式会社の委嘱で作曲。アサヒビールロビーコンサートで初演。
作曲当時、野村は「即興演奏ってどうやるの？」の第1回目の原稿を執筆中だった。当時、片岡さんが障害者施設で行っている即興演奏のビデオを見たりして、
「これは真似してるね」
とか、
「意表をつく、ってことですね」
とか、一つ一つのユニークな演奏を言語化していた。その頃、アサヒビールからコンサートのための作曲の依頼があった。演奏してくれるメンバーは、第一線で活躍している演奏家たちだった。
「この人たちに、自閉症の人たちの演奏を真似させてみたら何が起こるだろう？」
そんなアイディアが閃いた。楽譜を書こうと思ったが、普通のスコアで書くのは難しいので、手紙ふうの楽譜になった。

例
・パーカッションでおしゃべりを始めます。…演説調ではなく、ぽつりぽつり語りかけるようにやります。時々、沈黙して下さい。
・パーカッションのおしゃべりをピチカートで真似して対話をします。可能ならステージ上で向かい合って会話しているように演奏したいです。
・ココからテンポを遅くしたり速くしたりして、アンサンブルを混乱させます。
・打楽器で何かうなり声のような音を出します。
・うなり声を30秒～1分ほど聞いたら、次の音符を演奏します。
・何かを一発叩く、大きく深呼吸、別の楽器を2回叩く、2回深呼吸、さらに別の楽器を3発叩く…
・ココは、下手な人がめちゃくちゃ吹いているような（ニュアンスのない）ぶっきらぼうな強い音で演奏してください。

こんな文章の合間に時々五線で書かれたメロディーが入っている、そんな曲になった。演奏者は楽譜に忠実に従って演奏する。こうして出来上がる音楽は、「楽譜に書かれた音楽」と「障害者の即興」の両方の側面を合体させたような音楽になった。つまり、楽譜による再現性をそなえながら、障害者の即興の自由奔放さを兼ね備えた音楽。

2004年、MU楽団(www.musicunit.net)が、この曲を演奏してくれるというので、コンサートホールに足を運んだ。クラシックの演奏会では考えられないほどの風通しのいい演奏に素直に感激できた。作曲者自身ですら次に何が起こるか分からず意表をつかれてしまった。

なお、この曲の中には、冒頭部分で、打楽器とチェロ（ピチカート）の真似し合う場面、途中で打楽器奏者がテンポを速くしたり遅くしたりして、アンサンブルを混乱させる場面、その後、打楽器をクラリネットが真似する場面（太鼓を2回トントンと叩くと、クラリネットがピッピと2回吹くとか）などがあり、全体を通して、拍と無関係に演奏するパートがたくさんあります。

音楽・自由・未来 <small>あとがき</small>

野村 誠

「即興」は誰でもできる

　京都女子大学の児童学科で3年間専任講師をした。
　「先生は特別です。私たちは即興とか作曲とかできません」。
最初、学生たちは「できない」と言っていた。
　サッカーのワールドカップが開催された。ちょうど、日本vsトルコの試合が講義と重なった。みんなサッカーが観たくて仕方なかった。
　そこで、120人の学生と大学の講義室で、試合を見ることにした。暗幕を閉めて、大きなスクリーンに映写する。まるで映画館。そして、ありったけの楽器を準備した。
　「ここに楽器を置いておくから、応援に使いたかったら自由に使ってね」。
ぼくは一言だけ声をかけた。学生たちはみな自然に楽器を手にとった。試合の流れに合わせて、自然にリズムが生まれていく。決まったリーダーがいないのに、試合の興奮が高まるとともに、演奏のリズムも高まっていく。即興ができないなんて、ウソだ。この日、全員が即興ができること、とてもリズム感がいいことを確認した。

音楽の新しい「ナゾ」を見つける

　京都女子大では「児童音楽」という新しい授業の立ち上げに3年間かかわった。論文指導で、よく学生に言っていたこと。
　「結論は出ないから、結論を出そうと思わないでね。子どもと音楽について、どんなに研究したって結論は出ないよ。でも、ナゾはドンドン増える」。
　音楽を深めても深めても、いつまでも音楽には謎がある。謎があるからこそ、音楽は素敵だし、ドンドン深めていくことができる。
　この本では、「即興演奏のナゾ」を突き詰めようとした。この本を書いたことで、新しいナゾが生まれているはずだ。片岡さんの言葉を借りれば、
　「新しい次元が増える」。
岐阜に行く前の片岡さんは、演劇的なパフォーマンスは一切しなかったが、ある時を境に、「ガチョーン効果」などをはじめ、彼の音楽に新しい次元が加わった。ぼくがやった「バタン」という動きを発展させて、「バタン奏法」という得意技を生み出したり……。
　ぼくと片岡さんは、次に、どんな「次元」を見つけるのだろう？　音楽の新しいナゾを見つけるのは、本当に楽しみでワクワクする。

書けば、違った見え方や展開がある

　この本は、ぼくと片岡さんで、しゃべりながら考えて書いた本だ。片岡さんと合宿しながら、
　「…で、こうなったら、片岡さんどうします？」
とか質問したりして、しゃべりまくって、
　「つまり、真似をするってことですね」
なんて、まとめていった。だから、どの章も一緒に書いた。

また、この本は、読者と一緒に作った本でもある。『イキイキ音楽療法のしごと場』に連載中、読者からたくさんのメールをもらった。メールをくれた人は、熱心な人ばかりで、現場を見に来たり、自分の考えについて熱く語ってくれたりした。片岡さんとぼくの執筆合宿に合流し、酔っぱらいながら議論が盛り上がり、徹夜して、そこから新しいアイデアが閃いたりしたこともある。「クセナキス対処法」などは、読者とのやりとりがなければ生まれなかった。読者のみなさん、ありがとう。これからも、よろしく。

　それにしても、書くことは考えることだ。片岡さん曰く、
　「こうやって書いてみて思うけど、適当にやってたことが、そんなに適当でもないんだなあ」。
あの時、何で、こんな音を出したんだろう？　考えると理由があることが分かる。書いてみるから気づく。
　だから、この本を書き終えた今、「即興を譜面に書くこと」に対する興味が高まっている。即興でやっていることを譜面に書くことで、また違った見え方や展開があるかもしれない。即興演奏と作曲を結び付けることが、次に待ち受けるテーマだ。片岡さん曰く、
　「今、ダウン症児のための踊りの音楽を作曲するプロジェクトをやっているけど、自分のあまりの作曲の下手さに愕然とし、ある時は絶望し、ある時は自分の才能のなさを武器にできるやり方はないかと模索している」。
　「文章を書くことは、作曲と似ているなあ」。
片岡さんの関心も作曲に向かっている。3年後には、即興と作曲に関する本を書いているかも……。

プロ・アマ、障害の有無を超えて、みんなで「オペラ制作」

　後ろ向きの「あとがき」になるより、前向きの「あとがき」にしたい。だから未来に向けての予告を少し。

　現在、作曲家のヒュー・ナンキヴェル（Hugh Nankivell）とぼくで、日本とイギリスで、プロとアマ、障害のある人ない人が一緒になって作る「ホエールトーン・オペラ」というプロジェクトをしている。全員が対等な関係で、ストーリーも音楽も歌も、すべてみんなで作るのだ。現在、第2幕まで完成している。それはこんな話だ。
　「寒いのイヤと思ったOLが、会社を辞めて南の島に行く。そこにはバナナの木があったので、バナナケーキを作って食べたら、太ってしまった。ダイエットのために、バレエを踊るが痩せない。民謡を踊るが痩せない。そこで、相撲取りになった。（以上、第1幕）」
ダイエットについてのオペラ！！！　みんなで大爆笑しながら作った。
　「相撲ガールは、魔女の庭につく。魔女は相撲ガールを呪文でカバに変身させた。カバになったので、もう体重を気にしなくていい。カバは大喜びでフィッシュ＆チップスを食べた。カバはお風呂に入って体を洗ったら、お風呂がカヌーになって、海を渡っていった。カバは太陽とチェスをして遊んでいたら、ブラックプールに辿り着いた。（以上、第2幕）」
ストーリーを作るのに、言葉でだけ話し合うのではなく、時に絵を描いたり、ジェスチャーでやりとりしたりした。知的障害のある人たちも言葉が苦手だし、ぼくも英語が得意ではない。言葉でもやりとりするけど、それ以外の方法も交えてオペラを作っていく。新しい関係性が築き上げられそうな予感。

お年寄りが音楽療法士になる?!

　横浜の下川井にある特別養護老人ホーム「さくら苑」で、お年寄りたちと共同作曲をしている。1999年に開始した作曲活動は2004年の現在も継続中で、お年寄りたちの創作意欲はグングン増すばかりだ。今、計画中のプロジェクトは、
　「疲れた若者に送る　お年寄りからの癒しの音楽」
をテーマにしたCD制作。普通、お年寄りが若者たちからの慰問や療法で癒してもらうことが多いけど、いつも「してもらう」ばかりでは、お年寄りもやる気が出ないらしい。そこで逆転の発想となった。お年寄りの創作

歌で、疲れた現代人を癒そうと考えたのだ。つまり「お年寄りが音楽療法士になる?!」 これ、是非とも実現させたい。

　最近、イギリスの老人ホームでワークショップをした。最初は戸惑っていたお年寄りたちが、どんどん歌作りに没頭。休憩時間に配ってもらったコーヒーをこぼした女性が、
　　Can I have a coffee, please?（コーヒー、ください）
と言ったのをきっかけに、「Can I have a coffee, please?」に即興でメロディーをつけて歌い出す。結局、2時間のワークショップで6曲も歌を作ってしまった。
　　「こんな楽しいこと、長いことなかった」
　　「また、来てくださいね」
日本とイギリスの老人ホームで音楽を介した共同プロジェクトができないか、実現させてみたい。

＊　　　　　＊

　さて、最後に、いろんな人にありがとうを言いたい。

　京都女子大学の学生（卒業生）の皆さん。みんなと過ごした時間は本当に楽しかったし、勉強になりましたし、この本の中身を濃くしてくれました。本当にありがとう。
　岐阜県音楽療法士（GMT）のみなさん、ありがとう。みなさんとの時間がなければ、今の片岡さんはありません。片岡さんも、みなさんのおかげでこの本があると、すごく感謝しています。どうもありがとう。
　セッションで共演したすべての人たち、本当にありがとう。
　ぼくや片岡さんを、こんな感性の人間に育てあげた子育ての魔術師、片岡武美さん、片岡嘉子さん、野村正路さん、野村美智子さん、本当にありがとう。
　原稿づくりの相談に何度も応じてくれた（とぼけキャラ音楽家）片岡由紀さん、（壊れキャラ音楽家）林加奈さん、どうもありがとう。
　表紙の装画を描いてくれた市居みかさん。一緒に、鍋して、授業して、音楽して、そして、一緒に本が作れて嬉しいです。どうもありがとう！　今度は、市居さんの絵本に音楽つけるとか、また別のコラボレーションしましょう。
　すべての友人のみなさんに、どうもありがとう。そして、これからもよろしく。今後のぼくらの展開に期待してくださいね。
　そして、「あおぞら音楽社」代表の北島京子さん。北島さんとの対話から、この本のアイデアの多くが生まれてきました。「音楽療法は具体的・実践的な即興演奏の方法を必要としている」、「この本はいずれ即興演奏の古典テキストになる」という信念で、この出版不況時に出版を決断してくれました。北島さんの熱意がなければ、この本は絶対に存在していません。本当にありがとう。これからも一緒に未来を作っていきましょう。

　では、最後に超ボケボケ音楽家、なんちゃってマンガ家でもある片岡祐介大先生に一句読んでもらって、本書を締めくくりたいと思います。では、片岡さん、どうぞ！

音楽は　ほんとにほんとに　いいものだなあ（字余り）

カンカンカンカンカンカンカンカン、これにて終了〜〜〜〜〜〜！

2004年7月11日

■著者プロフィール
野村 誠（作曲家）
1968年名古屋生まれ。京都大学在学中に自身のバンド「ブー・フー」が、SONY NEW ARTISTS AUDITION 91で全国2700組の中からグランプリを獲得し、92年CDデビュー。その後、子どもと音楽創作をすることに関心が動き、94〜95年にBritish Councilの招聘でヨーク（イギリス）に滞在。イギリス各地で子どもたちとのワークショップやコンサートを行い、The British Journal of Music Education（ケンブリッジ大学出版）に原稿執筆。帰国後、ガムラン作品「踊れ！ベートーヴェン」を作曲、インドネシア各地で演奏。以来、ガムランの作曲を続ける。また箏や尺八の作曲などにも積極的に取り組む。98年に2台ピアノのための「ナマムギ・ナマゴメ」をミデルブルグ現代音楽祭（オランダ）で発表。クラシックの世界からも注目を集め、「音楽の友」誌に「21世紀のカギを握る10人の音楽家」として取り上げられる。鍵盤ハーモニカでの路上演奏の記録を綴った『路上日記』（ペヨトル工房）や、老人ホームでのお年寄りとの共同作曲など、コンサートホール以外での音楽活動にも積極的に取り組み、朝日新聞「天声人語」やNHKなど、新聞、テレビ、雑誌などで度々報じられる。「たまごを持って家出する」が、オランダでCD発売、ガムラン曲「せみ」がオランダのFM局で放送されるなど、少しずつ評判になっていく。向井山朋子（ピアノ）、御喜美江（アコーディオン）、菊地奈緒子（箏）、市川慎（箏）、フレデリック・ジェフスキー（ピアノ）、松原勝也（ヴァイオリン）、高橋悠治（ピアノ）、高田和子（三味線）ほかの演奏家が野村誠作品を演奏。また、梅津和時（サックス）、チャールズ・ヘイワード（ドラムス）、山辺義大（ギター）、西美濃の里の皆さん、などと即興演奏。02年〜04年にかけては、山口情報芸術センターで、企画、作曲、演奏のすべてを市民ボランティアと協働で作り上げるコンサート「しょうぎ交響曲の誕生」を実現。現在、えずこホール（宮城県大河原町）でのワークショップを皮切りに、日英共同の新しいオペラづくり「ホエールトーン・オペラ」を展開中。また、「エイブルアート オン ステージ」の実行委員として、障害のある人の舞台芸術活動が日本で展開する可能性を探っている。鍵盤ハーモニカ5重奏「P-ブロッ」主宰。CDに「せみ」（Steinhand）、「INTERMEZZO」（Airplanelabel）ほか。第1回アサヒビール芸術賞、JCC ARTAWARDSなどを受賞。

片岡 祐介（打楽器奏者 作曲家）
1969年三重県生まれ。愛知県豊橋市で育つ。名古屋市立菊里高校音楽科を経て、東京音楽大学打楽器科で、打楽器とマリンバを有賀誠門、岡田眞理子に学ぶ（93年中退）。88年〜89年 都内で、バラフォンの路上演奏を20回以上おこなう。90年、藤富保男（現代詩人）との共演をきっかけに、プロとしての演奏活動をはじめる。以後、ジャンルにこだわらない多種多様な演奏活動やスタジオ録音活動を展開。90年、目黒ギャラリーフィナールで初のソロコンサート。91年、猪俣猛（ジャズドラマー）の公演に参加。92年〜94年 有賀誠門パーカッション・アンサンブルの一員として、多数の学校公演をおこなう。95年〜97年 テクノユニット「イメージソウル」のメンバーとして都内のクラブで数多くのライブ。96年、伊左治直（作曲家）が主宰する「冬の劇場」でパフォーマンス。97年〜2000年 岐阜県音楽療法研究所研究員として勤務。音楽療法の研究と指導に従事し、13の施設で1年以上継続したセッションをおこなう。99年〜2001年まで、岐阜県聾学校非常勤講師。耳の不自由な子どもたちと即興演奏を続ける。97年以来、アーティスト集団「幻想工房」が主催する、場と共演するイベント「幻聴音楽会」に常連出演。幻聴音楽会は、岐阜市内の神社や廃city などのほか、立川国際芸術祭、フィレンツェ東大教育センター（イタリア）でも公演。2000年以来、映像作家の野村幸弘と共同で、ビデオ作品「場所の音楽」を現在までに10作制作している（キリンアートアワード奨励賞受賞）。2001年以来毎年、岐阜県川島小学校の5年生と共同作曲をおこなっている。2000年以来「岐阜大学芸術フォーラム」で、音楽講座、パフォーマンス等を毎月おこなっている。2004年、マンドリン、卓上木琴など、小さい楽器のみのアンサンブル「小物バンド」（仮称）を、作曲家の坂野嘉彦ほかと結成。今まで共演してきた音楽家は、伊藤多喜男（民謡）、梅津和時（サックス）、岡野勇仁（ピアノ）、押尾コータロー（ギター）、木下伸一（津軽三味線）、田中悠美子（太棹三味線）、ちあきなおみ（歌）、都屋歌六（のこぎりバイオリン）、山辺義大（ギター）、渡辺香津美（ギター）、ほか多数。作曲作品に、「サボテン島」、「おんどり組曲」、「月」、「ギャング」等がある。

■装画者プロフィール
市居みか（いちい・みか）
1968年兵庫県生まれ。絵描き。各地で展覧会を開催しながら、絵本や本の装幀画、挿し絵を描いている。絵本作品に『ヘリオさんとふしぎななべ』（アリス館）、『オニヤンマ空へ』（岩崎書店）、『せんりのくつ』（ひかりのくに）、『いっぽんみちをあるいていたら』（ひかりのくに）、『いわしぐもをつかまえろ』（フレーベル館）、『あからはじまるうた』（観覧舎）など。挿し絵の仕事に『空にぐーんと手をのばせ』『ことばあそび』（理論社）など多数。自分の絵にことばをつけ、それを歌にし、ついには歌ってしまう音楽活動も。人形劇や朗読会など楽しいと思ったことはなんでもやる。

CDで聴く！音楽療法のセッション・レシピ集
即興演奏ってどうやるの

2004年10月3日　第1刷発行　　　　2018年12月15日　第6刷発行

著　者―――野村 誠・片岡 祐介　　　　　　装幀　中村デザインオフィス
発行者―――北島京子　　　　　　　　　　　装画　市居みか
　　　　　　　　　　　　　　　　　　　　　本文イラスト　片岡祐介　飛鳥幸子
発行所　有限会社あおぞら音楽社　　　　　　楽譜浄書　楽譜作成工房ひなあられ
　　　　〒136-0073　東京都江東区東砂3-1-16-308　印刷　株式会社平河工業社／製本　坂田製本
　　　　電話03-5606-0185　FAX03-5606-0190
　　　　http://www.aoisora.jp/　E-mail info@aoisora.jp　©2004 by Makoto Nomura & Yusuke Kataoka

落丁・乱丁はお取り替えします。定価はカバーに表示してあります。Printed in japan　ISBN978-4-9901325-4-5　C3073
JASRAC 出0710070-701　JASRAC R-0771537